...de, Jaime, Noriac, André,

Trémel, Duvert, Dumanoir, Danteuil, Barbier, Carré,

LA
CHANSON
AU
THÉATRE

Villemer, Delormel, De Saint-Georges, Avenel, Tréfé...

PARIS.

LE BAILLY, LIBRAIRE

ÉDITEUR DE MUSIQUE

Rue de l'Abbaye-St-Germain-des-Prés, 2 bis.

Meilhac, Halévy, Sardou, Nuitter

LA
CHANSON AU THÉATRE

RECUEIL CHOISI

DES PLUS JOLIS COUPLETS
RONDES, CHANSONS, ROMANCES, AIRS, MÉLODIES

CHANTÉS

DANS LES PREMIERS THÉATRES DE PARIS

tels que :

OPÉRA, OPÉRA-COMIQUE, VARIÉTÉS,

BOUFFES, PALAIS-ROYAL, GAITÉ, FOLIES-DRAMATIQ^{ES}

NOUVELLE ÉDITION ILLUSTRÉE

Publiée avec la collaboration des meilleurs auteurs dramatiques du j

AUGMENTÉE DE

CHANSONS EN MUSIQUE

LB

PARIS

LE BAILLY, ÉDITEUR

rue Cardinale, 6, et rue de l'Abbaye, 2.

LE CLAIRON

LA CHANSON

AU

THÉATRE

TABLE

LA CHANSON

AU

THÉATRE

LE CLAIRON

CHANT

Interprété par Mlle AMIATI, à l'Eldorado.

Poésie de Paul DEROULÈDE. Musique d'Émile ANDRÉ.

La musique se trouve chez L. BATHLOT,
éditeur, rue de l'Échiquier, 39.

L'air est pur, la route est large,
Le Clairon sonne la charge,
Les Zouaves vont chantant;
Et là-haut sur la colline,
Dans la forêt qui domine,
Le Prussien les attend.

Le Clairon est un vieux brave,
Et lorsque la lutte est grave,
C'est un rude compagnon;
Il a vu mainte bataille
Et porte plus d'une entaille,
Depuis les pieds jusqu'au front.

C'est lui qui guide la fête,
Jamais sa fière trompette
N'eut un accent plus vainqueur;
Et de son souffle de flamme
L'espérance vient à l'âme,
Le courage monte au cœur.

On grimpe, on court, on arrive,
Et la fusillade est vive,
Et les Prussiens sont adroits,
Quand enfin le cri se jette :
« En marche ! A la baïonnette ! »
Et l'on entre sous le bois.

A la première décharge,
Le Clairon, sonnant la charge,
Tombe frappé sans recours;
Mais, par un effort suprême,
Menant le combat quand même,
Le Clairon sonne toujours.

Et cependant le sang coule,
Mais sa main, qui le refoule,
Suspend un instant la mort.
Et, de sa note affolée
Précipitant la mêlée,
Le vieux Clairon sonne encor.

Il est là, couché sur l'herbe,
Dédaignant, blessé superbe,
Tout espoir et tout secours;
Et, sur sa lèvre sanglante
Gardant sa trompette ardente,
Il sonne, il sonne toujours.

Puis, dans la forêt pressée
Voyant la charge lancée
Et les Zouaves bondir,
Alors le Clairon s'arrête,
Sa dernière tâche est faite,
Il achève de mourir.

Cette poésie est extraite des CHANTS DU SOLDAT, *ouvrage couronné par l'Académie française.* Un volume in-32 jésus, en vente au prix de 1 franc, chez Calmann-Lévy, éditeur, 3, rue Auber, et 15, boulevard des Italiens, Paris.

ALLONS MARGOT QU'ON SE DEPÈCHE

CHANSON DU POSTILLON

Chantée par Mme JUDIC, des Bouffes-Parisiens

DANS LA

TIMBALE D'ARGENT

OPÉRA-BOUFFE

Paroles de A. JAIME et J. NORIAC.

Musique de Léon VASSEUR.

La Musique se trouve chez CHOUDENS, éditeur ; rue Saint-Honoré, 265 (près l'Assomption).

Allons, Margot, qu'on se dépêche !
Mes bottes, mon sac, mon manteau ;
A mon fouet qu'on mette un' mèche,
Et qu'on apporte mon chapeau.
Allons, ma chère,
Ne te fais pas prier,
Donne un baiser, un verre,
Le coup de l'étrier.

Ah !... clic, clac, hop, hop !
Fallait voir son fouet,
Fallait voir comme il en jouait.

Allons, Margot, qu'on se dépêche !
Sur un' jamb' faut pas s'en aller.
Verse à nouveau, ta mine fraîche
Me donne envie de r'nouv'ler...
　Je me sens folâtre,
　Encore un gros baiser ;
　Le drôle en prit quatre,
　Ma foi, sans se griser.
　Ah ! clic, clac, etc.

Au cinquièm' voilà qu'il chancelle,
C'est qu'aussi c'est un rude vin.
A pein' s'il peut se t'nir en selle,
Les guides tombent de sa main...
　Cela l'a fait rire,
　Jean perd tout son aplomb.
　Et Margot de lui dire :
　Allons, allons, bois donc !
　Ah ! clic, clac, etc.

Margot est une fille prompte !
En croupe elle saute en deux temps ;
A prendre un fouet n'y a pas de honte,
Quand c'est pour obliger les gens.
　Ainsi qu'un' flèche,
　Tout part à fond de train ;
　On entend la mèche
　Accompagner l' refrain :
　Ah ! clic, clac, etc.

Les couplets ci-dessus sont extraits de l'opéra-bouffe, en 3 actes, a vente, au prix de 2 francs, maison Calmann-Lévy, 3, rue Auber, et 15, boulevard des Italiens.

L'HEUREUX PARRAIN

ou

LES SUITES D'UN BAPTÊME

SCÈNE COMIQUE

Paroles de Jules CHOUX. Musique de V. ROBILLARD

La musique se trouve chez LE BAILLY, éditeur,
rue Cardinale, 6, Paris.

Dernièrement, l'ami Carême,
Qui, par son commerce d' laitier,
Fournit des œufs, du lait, d' la crème
A tous les ménag's du quartier,
Arrive et me dit : Voisin Pierre,
Ma femm' m'ayant fait, hier matin,
Cadeau d'un' petite héritière,
J' viens vous prier d'en êtr' parrain.

PARLÉ. J'étions en train d' faire ma barbe. Alors,
pour qu'il ne me *rase* pas longtemps... Voisin, que
j' dis, j' veux ben. Vous pouvez compter sur moi !
— Y m'aurait embrassé, c't homme, si j'avais pas
été *savonneux.* — Merci d'avance, qu'il ajoute ; mais,
faut v'nir de suite, c'est pour midi et la marraine
attend. Une fois rasé, j' m'habille et nous v'là partis.
— Pardine ! que j' me dis à part moi, je suis t-or-
phelin de père et d' mère, je n'ai ni oncle, ni tante,
ni personne qui s'intéresse à moi... v'là ma balle !
Quand ça me coûterait encore deux écus d' cent sous,
au moins, ayant une filleule, j'aurai quelqu'un à qui
penser et ça m' portera bonheur !... D'un autre côté,
les *Carême,* c'est la *crème* des honnêtes gens, et pour
déjeuner, je peux avoir besoin *d'eux...* C'est dit :
obligeons mon *laitier,* et s'il voit ce que je fais en *beau,*
il me le rendra dans mon *lait* en me faisant bonne
mesure : *baptême* pour baptême !

V'là comme on s' fait de la famille :
Il suffit de se mettre en train ;
Me v'là s'cond pèr' d'un' petit' fille,
Dont j' suis l'parrain !... Je suis parrain !

En arrivant j' trouv' la marraine,
Qui dans ses bras berçait l'enfant ;
On m' présente... ell' me r'garde à peine...
Moi, pour ell' j'en fais pas autant :
Car en voyant cette tournure,
Ce nez r'troussé, cett' bouch', ces yeux...
J' croyais, pour entrer en voiture,
Que j'allais monter dans *les cieux*.

PARLÉ. C'était un vrai ange, quoi !... Mais c'est point
l' moment d' parler d'*elle*. Nous arrivons à la
mairie : moi, la marraine, le père et les témoins.
L'employé, qui dormait derrière ses lunettes, se
réveille en colère et dit : Qu'est-ce que c'est qu' ça ?
— Mossieu, c'est un enfant. — Parbleu, qui dit,
j'vois ben qu' c'est point un bœuf. Alors, on défait
l' maillot et quand il est sûr que... c'est point... un
garçon, il demande comment on veut la nommer.
Nous choisissons *Pierrette*, qui répond à mon nom ;
Sophie, qui répond à celui d' ma commère et nous
v'là repartis *pour l'église*. — Là, chacun fait son
offrande... Le *sacristain* écrit sur un registre et
demande les noms de l'enfant. — *Pierrette, Sophie*...
que dit la marraine. — *Pierrette, sauf i*, alors, c'est
Perrette ? — Mais non, c'est Pierrette ! Vous n' pouvez
retirer la lette *i*, d'autant plus que c'est la fille d'une
laitière... sapristi, sapristain, vous n' voyez donc
point *Clair ?* — Non, j' vois *Perrette* et je pensais
au pot au lait. — Bref, on rentre à l'église. Nous
tenons l'enfant sur les fonts et nous récitons l' Credo
en latin, parce que c'est plus facile à comprendre
pour ceux qui l' connaissent. — La petite, qui n'le
comprend point, nous répond avec des cris *perçants*.
— Enfin, une fois l'affaire bâclée, nous a fallu con-
tenter une bande de gamins qui s' disputiont des

dragées, qu' javions mêlées avec d'z haricots et pour
au moins vingt sous d' centimes. Dame ! faut ben faire
les choses !

V'là comme on s' fait de la famille :
Il suffit de se mettre en train ;
Me v'là s'cond pèr' d'un' petit' fille,
Dont j' suis l'parrain !... Je suis parrain !

Au retour ma petit' com mère,
Avec un plaisir sans égal,
A rendu la fille à sa mère,
Veuv' du péché... *coriginal ;*
Puis chacun a pris place à table,
On a ri, bien bu, bien mangé...
Et comm' le plaisir rend aimable,
La marrain' m'a trouvé changé.

PARLÉ. Le fait est que je n' me suis occupé que
d'elle, du potage jusqu'au dessert. Pendant que
chacun disait la sienne, je lui pilais sur les pieds...
j' lui pressais les mains. — Mais... qu'elle disait, (*Voix
de femme.*) parrain, vous m' faites mal ! — Oh ! belle
Sophie, vos beaux yeux m'en font bien davantage...
j'ai le cœur pris d'amour... Voulez-vous de moi pour
mari ? — Dame ! j' dis point non,... j' dis point oui...
faudra réfléchir. — Alors, (*Haut, comme s'il y était
encore.*) je demande la parole pour un fait personnel !
On me l'accorde... parce que, tel que vous me voyez,...
je chante fort bien, moi... oui, je chante fort bien...
(*Plus modeste.*) C'est-à-dire que... je ne chante peut-être
pas *fort bien,* mais, à coup sûr... je chante *bien fort !*...
On a fait silence et j'ai chanté un couplet que j'avais
riminé, pendant que j'étais en *verbe...* C'est une manière de déclaration, sur l'air de *Joseph,* vendu par
ses camarades... (*Chantant avec prétention ridicule.*)

A peine au sortir de l'enfance,
Marrain, déjà je vous aimions,
Et j' nous voyais longtemps d'avance
T'nir un enfant sur les *mêm's fonts.*

J'entrevoyais qu'avec une autre chaîne,
En vous *donnant mon nom*, un beau matin,
Vous seriez doublement *ma reine...*
Ah ! faites-moi deux fois *parrain ;*
Pour être doublement *marraine,*
Ah ! faites-moi, deux fois... parrain !

PARLÉ. Là-d'ssus, ma commère *subjuguée* a battu
des mains et m'a embrassé !.. Elle *s'a comm' promise*
devant tout le monde, qui criait: Bravo, parrain !
Vive la marraine !.. C'était une *frinésie,* quoi !
Alors, il a été convenu que je reconduirais ma commère, et, avant d' partir, on a félicité le *laitier...*
sur sa manière de nourrir son monde. Ça l'a flatté,
mais quand on lui a parlé d'une *nourrice* pour l'enfant... c't homme, qui venait d'*nourrir* à l'œil, s'est
vu forcé d' *nous rire...* au nez ! Il nous a fait obser-
ver que la mère lui donnerait le sein dans ses mo-
ments de loisir, et que, du reste, c'était pas le *lait*
qui manquait dans la maison. Ma foi, je vois tous
les jours ma filleule sur le sein de sa mère... Elle
mord à la grappe, faut voir !... c'est un vrai fromage
à la crème !... le *lait* lui sort de partout... qué bel
enfant ! — Et dire que dans huit jours on aura mon
mariage à *baptiser!...* Et si, l'an prochain,... j'ons un
baptême à faire, quelle *noce !...* ni aura plus ni hommes ni femmes : nous serons tous.. *(Jouant l'ivresse.)*
frères !...

V'là comme on s'fait une famille :
J' vas m' marier pour m' mettre en train,
Plus tard si j'ai garçon ou fille,
Je s'rai mari, père et... parrain.

———

LA TIMBALE AU SOMMET DU MAT

COUPLETS CHANTÉS DANS

LA TIMBALE D'ARGENT

OPÉRA-BOUFFE

Paroles de A. JAIME et J. NORIAC.

Musique de Léon VASSEUR.

La Musique se trouve chez CHOUDENS et Fils, éditeurs,
rue Saint-Honoré, 265, Paris.

La timbale, au sommet du mât,
Comme un éclair d'argent rayonne.
Le beau Fritz, tenté par l'appât,
Empoigne à deux bras la colonne;
Allons, courage, mon garçon !
Le voilà qui grimpe : il se hisse...
Un dernier coup de jarret... bon !
  Crac ! v'là qu' ça glisse.

  Encore un qui n' l'aura pas,
  La timbale, la timbale !
  Encore un qui glisse en bas,
  Encore un qui n' l'aura pas.

Pour une fill', trois prétendants
Voudraient atteindre la timbale.
Ils s'élancent les yeux ardents,
On pousse, on bouscule, on cabale...

Ils veulent grimper à la fois;
Le but n'est pas loin, oh! supplice!...
Ils vont l'atteindre tous les trois...
    Crac! v'là qu' ça glisse.

    Encor trois qui n' l'auront pas,
    La timbale, la timbale!
    Encor trois qui gliss'nt en bas,
    Encor trois qui n' l'auront pas.

On dit que l'amour, bien souvent,
A fair' des bêtis's nous entraîne;
Source de joie et de tourment:
Peu de plaisir, beaucoup de peine.
On arrive, on est plein d'espoir...
On voudrait que tout réussisse,
Le bonheur se laisse entrevoir....
    Crac! v'là qu' ça glisse.

    Et souvent on ne l'a pas
    La timbale, la timbale!
    Encore un qui glisse en bas,
    Encore un qui n' l'aura pas.

Les couplets ci-dessus sont extraits de la pièce en vente au prix de 2 francs chez Calmann-Lévy, éditeur, 3, rue Auber, et 15, boulevard des Italiens, Paris.

LES TOSTS A LA PATRIE

CHANT PATRIOTIQUE

Créé par Mlle VANDA, au XIXe Siècle.

Paroles de VILLEMER et DELORMEL
Musique de Paul COURTOIS.

La Musique se trouve chez LE BAILLY, éditeur,
rue Cardinale, 6.

1er COUPLET.

Dans un ban-
quet où chacun à la ron - de Vidait sa
coupe à son dernier a - mour, Où l'on trin-
quait à la brune, à la blon-de Ou l'on fê-
tait ces i-do-les d'un jour Un hom-me
dit: Buvez à vos mai - tres-ses, In-dif-fé-
rents, son-gez à vos plai - sirs, Noy-ez vos
cœurs dans de folles i - vresses, Je porte un

toste à d'autres souve-nirs. Je bois aux légions des fils de la Pa-trie, Marceau, Hoche et Kléber, à tous ceux dont le nom., Au rang des défenseurs de la France enva-hi-e Rayonne en lettres
d'or aux murs du Pan-thé-on.

Ceux-là pour qui je lève ici mon verre
Avaient dans l'âme un amour plus sacré,
Car leur idole était une guerrière
Sans maquillage et sans chignon doré.
Elle ignorait cet argot de vos filles.
La Liberté de ses baisers ardents
Ne souillait pas l'honneur de vingt familles,
Mais vers la gloire entraînait ses enfants.

   Je bois aux légions, etc.

Je bois à vous, soldats de ma Patrie,
Qui sans souliers, sans habits et sans pain,
Sur les chemins de la France meurtrie
Alliez au pas escortés par la faim.

Je bois à vous, ô phalange stoïque !
A vous, soldats, généraux de vingt ans,
Aux fiers marins du *Vengeur* héroïque,
Que l'Océan a gardés dans ses flancs !
Je bois aux légions des fils de la Patrie,
Marceau, Hoche et Kléber, à tous ceux dont le nom
Au rang des défenseurs de la France envahie
Rayonne, en lettres d'or, aux murs du Panthéon.

———————

LES TOURMENTS

D'UN GARÇON DE FERME

CHANSONNETTE

Paroles de DANTEUIL. Musique de PITER.

La Musique se trouve chez HIÉLARD, éditeur,
8, rue Laffitte, Paris.

J' suis garçon d' ferme chez un' veuve,
La plus bell' femme de not' endroit;
Mais qui n'est pas, j'en ai la preuve,
Toujours aussi douce qu'on croit.
Son caractère très-fantasque
A la lun' rousse est tout pareil.
Subit'ment il vient un' bourrasque,
Tout d' suite après un beau soleil.

Et, dans ces cas-là, chose injuste,
    C'est toujours moi   (*Bis.*)
    Qu'ell' tarabuste,
Sans que je sach' seul'ment pourquoi.

J'avais justement le dimanche
Où, d'abord, j' m'en suis aperçu
Ma veste neuve, un' chemis' blanche,
Enfin j'étais assez cossu.
Paf! on m' bouscule; c'est la bourgeoise
Qui m'arriv' sur l' dos quasiment
Plus fort qu'un' bombe et m' cherche noise
Au sujet d' mon bel habill'ment,
Tirant ma cravate, ell' la r'serre
    A n' plus souffler,
    A m'étrangler;
    Là, pourquoi faire
Que d' ma toilette ell' vient s' mêler?

D' bonne humeur, un jour ell' m'appelle
Pour voir s' béqu'ter deux tourtereaux.
Est-ce une chose naturelle
De m' déranger pour des oiseaux?
—Viens, qu'ell' me fait, je veux qu' tu voies.
Ce couple tendre est-il charmant!
—Oui, que j' dis, mais vaut mieux des oies,
C'est tendre et ben plus profitant.
Là d'ssus je n' sais qu'ell' mouch' la pique:
    — Va! grand oison!
    Va! gros buson!
    Qu'ell' me réplique:
Et pourtant j' crois qu' j'avais raison.

Dans les champs travaillant ensemble,
Une autre fois, v'là qu' tout à coup
Elle ôt' par mégarde, à c' qu'il m' semble,
Son fichu de dessus son cou :

Moi, voyant qu'à l'air elle expose
Ses épaules et cætera,
J' l'engage à tout r'couvrir, à cause
Qu'ayant chaud ell' s'enrhumera.
— Dieu ! qu'ell' me dit, pour un jeune homme,
    Vraiment on n'est
    Pas plus benêt !
    Oui, voilà comme
Il est bon d' prendr' son intérêt.

Au bord du pré, l' lendemain assise
Tout près d' moi, qui voulais dormir,
Ne me d'mand'-t-ell' pas, quell' bêtise !
Si je pensais à m'établir.
Preuv' que son caractère est drôle,
En m' voyant plongé dans l' sommeil,
Sur le dos ell' m' flanque un coup d' gaule,
Jugez si c'est un bon réveil.
Bah ! qu'ell' me cri' tandis qu' je m' frotte,
    Tout ça n'est rien,
    Et j' savais bien,
    Grosse marmotte,
De t' dégourdir qu' c'est l' vrai moyen.

L' pèr' François prétend qu' ses colères
Vienn'nt de c' qu'ell' grill' de m'épouser.
Un' si bell' femm', qu'a d' si bonn's terres,
Dam ! ça n'est pas à refuser.
Du moment qu' c'est un' preuv' qu'ell' m'aime,
De m' maltraiter qu'ell' n' se gên' pas.
Pour êtr' son bourgeois à soi-même,
On peut supporter quelqu' dégâts.

Par amour avoir plaies et bosses,
C'est très-touchant !
J' bisquerais pourtant
Si l' jour des noces
J'arrivais tout clopin clopant.

ON ME NOMME HÉLÈNE LA BLONDE

Couplets chantés dans

LA BELLE HÉLÈNE

OPÉRA-BOUFFE

Paroles de H. MEILHAC et L. HALÉVY.

Musique de J. OFFENBACH.

*La musique se trouve chez HEUGEL et Cⁱᵉ,
éditeurs, 2 bis, rue Vivienne.*

On me nomme Hélène la blonde,
La blonde fille de Léda.
J'ai fait quelque bruit dans le monde...
Thésée, Arcas, et cætera.
Et pourtant ma nature est bonne,
Mais le moyen de résister
Alors que Vénus, la friponne,
Se complaît à vous tourmenter !   (*Bis.*)

Dis-moi, Vénus, quel plaisir trouves-tu } (*Bis.*)
A faire ainsi cascader, cascader la vertu ? }

LA BELLE HÉLÈNE.

Nous naissons toutes soucieuses
De garder l'honneur de l'époux.
Mais des circonstances fâcheuses
Nous font mal tourner malgré nous;
Témoin l'exemple de ma mère :
Quand elle vit le Cygne altier
Qui, vous le savez, est mon père,
Pouvait-elle se méfier?   (*Bis.*)

  Dis-moi, Vénus, etc.

Ah! malheureuses que nous sommes!
Beauté, fatal présent des cieux!
Il faut lutter contre les hommes,
Il faut lutter contre les dieux!
Vous le voyez tous, moi je lutte,
Je lutte et ça ne sert à rien,
Car si l'Olympe veut ma chute,
Un jour ou l'autre il faudra bien...   (*Bis.*)

  Dis-moi, Vénus, etc.

Les couplets ci-dessus sont extraits de la pièce en vente au prix
de 2 francs chez Calmann-Lévy, éditeur, 3, rue Auber, et 15, boulevard des Italiens.

MA PREMIÈRE FEMME EST MORTE

LÉGENDE.

Chantée par DUPUIS, au théâtre des Variétés,

DANS

BARBE-BLEUE

OPÉRA-BOUFFE

Paroles de Henri MEILHAC et LUDOVIC HALÉVY.
Musique de J. OFFENBACH.

*La Musique se trouve chez HEUGEL et C*ie*, éditeurs,
2 bis, rue Vivienne, Paris.*

Encore une, soldats, belle parmi les belles !
Pourquoi donc le destin les met-il sur mes pas,
Ces femmes qu'aussitôt des morts accidentelles
    Arrachent de mes bras,
     (Presque pleurant.)
    Arrachent de mes bras ?
    Ma première femme est morte
    Et que le diable m'emporte,
    Si j'ai jamais su comment.   *(Bis.)*
    La deuxième et la troisième,
    Ainsi que la quatrième,
    Je les pleure *(ter.)* également.
    La cinquième m'était chère,
    Mais, la semaine dernière,
    A mon grand étonnement,   *(Bis.)*
    Sans aucun motif plausible,
    Les trois Parques, c'est horrible !
    L'ont cueillie en un moment.   *(Bis.)*

(D'une voix terrible.)
Je suis Barbe-bleue !   *(Ter.)*
Barbe-bleue, Barbe-bleue ! Ah !
(Très-gaiement.)
Je suis Barbe-bleue, ô gué !
Jamais veuf ne fut plus gai, non !
Je suis Barbe-bleue, ô gué !
Jamais veuf ne fut plus gai !
Barbe-bleue ! Ah !
Jamais veuf, non,
Jamais veuf ne fut plus gai !
Je suis Barbe-bleue.

Maintenant que j'ai dit comme
L'on m'appelle et l'on me nomme,
Chacun comprend à l'instant   *(Bis.)*
Que mon unique pensée
Est de la voir remplacée,
(Celle que, celle que)
Celle que j'adorais tant.
Entre nous, c'est chose faite,
La sixième est toute prête,
Mais je sais ce qui l'attend.   *(Bis.)*
Je le sais et je crois même
Que, déjà, de la septième
Je m'occupe vaguement.   *(Bis.)*
Je suis Barbe-bleue, etc.

Les couplets ci-dessus sont extraits de BARBE-BLEUE, opéra-
bouffe en 3 actes, en vente au prix de 2 francs, chez Calmann-
Lévy. éditeur, 3, rue Auber, et 15, boulevard des Italiens, Paris.

BONJOUR, NINI

CHANSON

Créée par BRUET, au XIXᵉ Siècle.

Paroles de VILLEMER et DELORMEL.

Musique de Paul COURTOIS.

*La musique se trouve chez LE BAILLY, éditeur,
rue Cardinale, 6, à Paris.*

Andᵗᵉ Graciosc.

1ᵉʳ COUPLET.

Bon-jour Ni_ni! Je m'en reviens De chez mon oncle de Tou_lou_se, Quoi de neuf chez les Pa_ri_siens? Es_tu toujours aus_si ja_lou_se? Depuis mon

piu allᵒ

départ, qu'as_tu fait? Ma chère es_tu restée en ca_ge Cap_ti_ve comme un oise_let Pendant un

rall.   Tᵒ di valsa allᵒ

mois muette et sa_ge Si   tu m'a_vais trom_

pé, Ni-ni, En-tre nous tout se-rait fi-ni

Vois-tu ma chè re! La femme

sur le sen-ti-ment Est parfois vé-ri-

ta-ble-ment par trop lé-gè re.

Que vois-je! tu mets des rubans
Et du velours comme une reine!
Qui t'a donné ces diamants?
De qui portes-tu donc la chaine?
Dis, je veux le savoir enfin,
Que fis-tu pendant mon voyage?
Et pour t'habiller de satin
As-tu donc fait quelque héritage?

Si tu, etc.

Mais non, je suis fou sûrement,
C'est ton oncle le vieux notaire
Qui trépassant subitement
T'aura faite sa légataire.
Tu baisses la tête et dis non.
Va, c'est toujours la même histoire.
Adieu. Ninette!.. Hélas! Ninon,

Il fallait me laisser te croire...
Car vous m'avez trompé, Nini.
Entre nous tout est bien fini,
    Adieu, ma chère!
La femme sur le sentiment
Est toujours, véritablement,
    Par trop légère.

LE BON GITE

Créé par Mlle AMIATI, à l'Eldorado.

Poésie de Paul DEROULÈDE, Musique de
Luigi BORDÈSE.

*La Musique se trouve chez BATHLOT, éditeur,
rue de l'Échiquier, 39.*

Bonne vieille, que fais-tu là ?
Il fait assez chaud sans cela,
Tu peux laisser tomber la flamme.
Ménage ton bois, pauvre femme,
Je suis séché, je n'ai plus froid.
Mais elle, qui ne veut m'entendre,
Met un fagot, range la cendre. (*Bis.*)
« Chauffe-toi, soldat, chauffe-toi. » (*Bis.*)

Bonne vieille, je n'ai pas faim,
Garde ton jambon et ton vin,
J'ai mangé la soupe à l'étape!
Veux-tu bien m'ôter cette nappe,
C'est trop bon et trop beau pour moi.
Mais elle, qui n'en veut rien faire,
Taille mon pain, remplit mon verre. (*Bis.*)
« Refais-toi, soldat, refais-toi. » (*Bis.*)

Bonne vieille, pour qui ces draps ?
Par ma foi, tu n'y penses pas !
Et ton étable ? et cette paille
Où l'on fait son lit à sa taille ?
Je dormirai là comme un roi.
Mais elle, qui n'en veut démordre,
Place les draps, met tout en ordre. (*Bis.*)
« Couche-toi, soldat, couche-toi : » (*Bis.*)

— Le jour vient, le départ aussi. —
Allons, adieu... Mais qu'est ceci ?
Mon sac est plus lourd que la veille...
Ah ! bonne hôtesse, ah ! chère vieille,
Pourquoi tant me gâter, pourquoi ?
Et la bonne vieille de dire,
Moitié larme, moitié sourire : (*Bis.*)
« J'ai mon gars soldat comme toi ! » (*Bis.*)

Les couplets ci-dessus sont extraits des *Nouveaux chants du soldat*, en vente au prix de 1 franc, chez Calmann-Lévy, éditeur, 3, rue Auber, et 15, boulevard des Italiens.

LE FACTEUR RURAL

COUPLETS CHANTÉS DANS

LE CHATEAU A TOTO

OPÉRA-BOUFFE

Paroles de Henri MEILHAC et L. HALÉVY.
Musique de J. OFFENBACH.

La Musique se trouve chez HEUGEL et Cie, éditeurs, rue Vivienne, 2 bis.

Je suis le facteur rural,
Un bel état, mais c'est égal,
Il faut se donner du mal,
Quand on est facteur rural !

A Paris, mes brillants confrères
Font leurs courses en omnibus ;
Mais ici, dans nos humbles sphères,
Nous les faisons *cum pedibus*.

PARLÉ. Et c'est une grave question de savoir si, pour marcher beaucoup, il vaut mieux avoir de grandes jambes que de petites. Au premier abord, il semble qu'il vaut mieux en avoir de grandes : parce qu'avec de grandes jambes on fait de grandes enjambées... avec de petites jambes on fait de petites enjambées... mais on en fait plus. Alors ça revient à peu près au même... Ça, du reste, ce sont des questions pour les savants... Ça ne me regarde pas, moi : je ne suis pas savant.

Je suis le facteur, etc.

Avec les lettres on s'en tire,
Mais ce qui me rend presque fou,
Messieurs, je m'en vais vous le dire,
Ce sont les journaux à un sou.

PARLÉ. Il y en a de ces journaux!...il y en a ! tous les jours on en invente de nouveaux... avec des titres ! Ainsi dernièrement j'ai porté à une jeune dame un prospectus ainsi conçu : « Nous venons de fonder un nouveau journal, il s'appelle *le Fouet*... Vous le recevrez tous les deux jours.. » La jeune dame a rougi, et le mari, qui était là, s'est fâché contre moi... Et il a eu tort:.. Est-ce que cela me regardait... moi ? On me dit de porter cela... je le porte... je ne suis pas journaliste, moi.

Je suis le facteur, etc.

2.

Par bonheur on nous vient en aide :
Aux facteurs il est question
De donner un vélocipède.
Gloire à l'administration !

PARLÉ. Oui... des vélocipèdes ! et cela, on peut dire
que c'est une idée heureuse... il n'y a rien de plus
distingué pour le moment ; et puis c'est très-commode.
Par exemple, ce qui est difficile, c'est de monter
dessus... mais une fois monté dessus... ce qui est
difficile, c'est d'en descendre. Et puis, une fois
lancées, ces bêtes-là, il paraît que ça ne s'arrête
jamais... ainsi dernièrement un caissier de chez nous
est parti sur un vélocipède... eh bien ! il n'a pu s'arrêter qu'à New-York (Quand je dis qu'il s'est arrêté, je me trompe... on l'a arrêté). C'est du moins ce
que l'on m'a raconté... Je ne suis pas allé y voir...
Tout cela ne me regarde pas, moi.

Je suis le facteur, etc.

Les couplets ci-dessus sont extraits de la pièce en vente au prix
de 2 francs chez Calmann-Lévy, éditeur, 3, rue Auber, et 15, boulevard des Italiens, Paris.

VOULEZ-VOUS ACCEPTER MON BRAS?

RONDE DU BRÉSILIEN

Chantée au théâtre du Palais-Royal dans *LE BRÉSILIEN*

COMÉDIE

Paroles de H. MEILHAC et L. HALÉVY.
Musique de J. OFFENBACH.

*La Musique se trouve chez BRANDUS et C*ie*, éditeurs,
rue de Richelieu, 103, Paris.*

En allant à son ministère,
Il la rencontra ru' du Bac : (*Bis.*)
Elle s'arma d'un front sévère ;
Il voulut l'atteindre, mais, crac ! (*Bis.*)
Elle prit le quai... des Lunettes, (*Bis.*)
L'impasse Saint-André-des-Arts,
La ru' des Vieilles-Haudriettes, (*Bis.*)
Et tous les nouveaux boulevards ;
L'homme la suivait à quinz' pas,
    Et lui disait tout bas :
    Voulez-vous, voulez-vous, } *Bis.*
Voulez-vous accepter mon bras ? }
La femme ne répondait pas.
    (*Imitant la trompette.*)
Ta, ta, ra, ta, ta, ta, ra, ta, ta, etc.

Elle était un peu dur' d'oreille,
Mais elle avait l'esprit subtil, (*Bis.*)
Et pour fuir s'en fut à Marseille,
Prendr' le paqu'bot des bords du Nil. (*Bis.*)
Sur les ruines... de Carthage (*Bis.*)
Elle vit pleurer Salammbô,

RONDE DU BRÉSILIEN.

Et fit quatre fois... à la nage,   (*Bis.*)
— Le tour de l'îl' de Bornéo.
(*Imitant un homme qui nage.*)

L'homme la suivait, etc.

On les vit aux deux hémisphères,
Au nord, au midi, puis ailleurs,   (*Bis.*)
Les enfants disaient à leurs pères :
Quels sont donc ces deux voyageurs?   (*Bis.*)
On la vit à Montmartre... en Suède,   (*Bis.*)
En Macédoine, au Kamschatka.
On la vit, sur la... corde raide,   (*Bis.*)
Franchir le saut du Niagara,
(*Imitant un acrobate.*)

L'homme la suivait, etc.

C'étaient des courses effrénées,
A faire pâmer un Anglais.   (*Bis.*)
Ils marchèrent bien des années
Sans pouvoir s'atteindre jamais;   (*Bis.*)
Quand enfin au pont... Notre-Dame   (*Bis.*)
Ils arrivèrent haletants;
Il était mort, lui!... mais la femme   (*Bis.*)
Était mère de huit enfants.

Alors, revenant sur ses pas,
Elle lui dit tout bas :
Je veux bien, je veux bien,   } (*Bis.*)
Je veux bien prendre votre bras :
Mais l'homme ne répondit pas.

Les couplets ci-dessus sont extraits de la pièce en vente, au prix
de 1 fr. 50 c, chez Calmann-Lévy, éditeur, 3, rue Auber, et 15, boulevard des Italiens, Paris.

NOUS VENONS DU FIN FOND
DE LA PERSE

CHANSON DES COLPORTEURS

Chantée dans le *ROI CAROTTE*

OPÉRETTE-FÉERIE

Paroles de Victorien SARDOU.
Musique de J. OFFENBACH.

La Musique se trouve chez CHOUDENS *et Fils, édi-*
teurs, rue Saint-Honoré, 265,

Nous venons
Du fin fond de la Perse,
Nous faisons
Un très-joli commerce !
Nous vendons
Des objets de toilette,
Nous tenons
Parfums et cassolettes,

> Bis.

Nœuds, festons
Et galons ;
Gais costumes,
Frêles, frêles, frêles plumes,
Fleurs, bouquets,
Bracelets
Et breloques ;
Fraîches, fraîches, fraîches toques,
Baumes, fards
Et brocards ;
Larges voiles,
Fines, fines, fines toiles,

Talismans,
Diamants,
Aromates,
Fausses, fausses, fausses nattes,
Tous objets,
Tous secrets
Que réclame
Fille, fille, fille ou femme,
Pour qu'aux feux
De ses yeux
On s'enflamme !...
Nous les avons
En savons,
En bonbons,
En flacons...
Ah !
Nous venons, etc.

Ce bijou,
Mis au cou
D'une prude
Sèche, sèche, sèche ou rude,
L'excitant,
A l'instant
Sait la rendre
Douce, douce, douce et tendre.
Êtes-vous
Très-jaloux
De vos belles ?
Ces ju, ces ju, ces jumelles
Vous font voir
Si le soir

Les traîtresses
Vous font, vous font, vous font pièces.
Tous objets,
Tous secrets
Dont on use,
Toute, toute, toute ruse,
Dont l'amour
Chaque jour
Nous abuse...
Nous les avons
En flacons,
En bonbons,
En bâtons.
Ah !

Nous venons, etc.

Les couplets ci-dessus sont extraits de la pièce en vente, au prix de 2 francs, chez Calmann-Lévy, éditeur, 3, rue Auber, et 15, boulevard des Italiens.

QUAND JE SUIS
SUR LA CORDE RAIDE
Couplets chantés dans

LA PRINCESSE DE TRÉBIZONDE
OPÉRA-BOUFFE

Paroles de Ch. NUITTER et E. TRÉFEU. Musique de J. OFFENBACH.

La Musique se trouve chez BRANDUS et Cie, éditeurs, rue Richelieu, 103.

Quand je suis sur la corde raide,
Il me faut bien montrer, c'est clair,
Une jambe qui n'est pas laide,

A tous les yeux qui sont en l'air.
Que le maillot soit blanc ou rose,
Toi, ferme les yeux et pour cause.

Si tu n' peux pas, (*Bis.*)
Si tu n' peux pas t'y faire,
Oh ! dans ce cas, (*Bis.*)
Tu n' fais pas mon affaire.

Moi je t'offre, sans faribole,
Vois si cela peut t'arranger :
Avec une tête un peu folle,
Mes droits à la fleur d'oranger.
En public j'ai l'œil vif et tendre,
Mais mon cœur est encore à prendre

Si tu n' peux pas, (*Bis.*)
Si tu n' peux pas t'y faire,
Oh ! dans ce cas, (*Bis.*)
Tu n' fais pas mon affaire !

Les couplets ci-dessus sont extraits de la pièce en vente au prix de 2 francs chez Calmann-Lévy, éditeur, 3, rue Auber, et 15, boulevard des Italiens, Paris.

L'ENFANT DE PARIS

SCÈNE DRAMATIQUE

Dite et chantée par Mlle AMIATI, à l'Eldorado.

Paroles de DELORMEL et VILLEMER. Musique de
Lud. BENZA.

La Musique se trouve chez LE BAILLY, éditeur, rue
Cardinale, 6, Paris.

RÉCIT

Paris l'avait vu naître.
C'était un pâle enfant éclos dans les faubourgs.
Il était de ceux-là qui suivent les tambours,
Et sentent dans leur sang circuler du salpêtre,
Quand passent des clairons devant un régiment.
Il avait bien souvent inquiété sa mère
En lui disant : « Lorsque je serai grand,
Je veux aussi devenir militaire. »
Il n'avait pas onze ans,
Qu'il connaissait déjà l'histoire des géants
Qui marchaient vers le Rhin pour délivrer la France.
Le nom de Hoche et celui de Marceau
Faisaient battre son cœur et troublaient son cerveau :
D'être vaillant comme eux il avait l'espérance.
Le jour où la Patrie appela ses enfants,
Il fut un des premiers parmi les combattants
Qui vinrent s'enrôler à son appel suprême.

. . . .

Les fusils en faisceaux maintenant sont rangés,
La bataille est finie et les morts sont vengés.
Autour du feu chacun cherche un ami qu'il aime,

L'ENFANT DE PARIS.

Car la nuit tombe, et les soldats
Pensent à ceux qui sont couchés là-bas.
Il paraît qu'un des leurs sur l'armée ennemie,
Vers la fin du combat, a conquis un drapeau ;
C'est un enfant, dit-on, à la face blémie,
Et pour qui le fusil est un jouet nouveau ;
Qui, s'élançant, tout seul, au milieu de la poudre,
S'en est allé chercher, hardi comme la foudre,
    L'étendard allemand.
On vient de l'amener devant le commandant ;
C'est l'enfant qui jadis faisait pleurer sa mère
En lui disant : « Un jour je serai militaire. »
    Le chef en voyant ce gamin
Lui dit : « C'est bien, mon brave ! » et lui donne la main.
    « Quel âge as-tu ? — Vingt ans. — Ta ville ?
— Paris, mon commandant. — Pays des bons soldats.
    Prendre un drapeau pourtant n'est pas facile !
Dis-nous ce que tu fis quand tu t'en emparas. »
    Le bataillon devant lui fit silence ;
Ému, l'enfant tourna son képi dans ses doigts,
    Et, rougissant presque de sa vaillance,
Voici comment il conta ses exploits :

CHANT

« C'était ma première bataille,
Mais, commandant, j'avais pas peur,
Car si je suis petit de taille,
Allez, on ne l'est pas de cœur.
Je me disais : Comme la mère
Tremblerait de me savoir là !
Je vis passer cette bannière
Et me dis : Faudrait prendre ça !

Les tambours battaient, les trompettes
Sonnaient la charge aux escadrons ;
J'allais devant leurs baïonnettes,
Et sans souci de leurs canons,
Ce drapeau, je voulais le prendre.
C'était dur, car, mon commandant,
Ils étaient là pour le défendre
Ceux qui restaient d'un régiment.

Allons ! dis-je, vive la France !
Si je reste, on le verra bien.
Dans le tonnerre je m'élance,
Ne voyant, n'entendant plus rien.
Combien en resta-t-il des nôtres ?
Commandant, je ne le sais pas ;
Mais, quand je revins près des autres,
J'avais le drapeau dans les bras. »

RÉCIT

C'est ainsi qu'il parla d'une voix fière et mâle.
Le chef alors embrassa son front pâle.
Ensuite, détachant
La croix de sa tunique,
Il l'attacha sur le cœur de l'enfant.
Lui chancela soudain, et dit en pâlissant :
« Merci, mon commandant, gardez cette relique,
Moi, je ne la porterai pas ;
Car un morceau de plomb que j'ai reçu là-bas
Me glace tout le cœur ! Mais à ma vieille mère
Remettez cette croix d'honneur ;
Dites-lui bien surtout que je n'ai pas eu peur

Et suis mort en vrai militaire ;
Puis aussi qu'avant de partir
Vous m'avez embrassé... ça lui fera plaisir. »

CHANT

Maintenant, adieu, camarades,
Et vous, mon commandant, adieu !
Je pars avec vos embrassades,
Et cela me console un peu.
O rêve ami de mon enfance,
Je suis tombé pour mon pays...
Ma mère et toi, mon vieux Paris,
Adieu ! Je meurs... Vive la France !

MA PAOLA

Romance extraite de L'AME EN PEINE

OPÉRA FANTASTIQUE

et intercalé dans *MARTHA*, OPÉRA.

Paroles de M. DE SAINT-GEORGES.
Musique de M. DE FLOTOW.

La musique se trouve chez L. LANGLOIS,
éditeur, rue Neuve-des-Petits-Champs, 48, Paris.

Depuis le jour j'ai paré ma chaumière
De blanches fleurs, reines des prés ;
Puis, j'ai tressé sa couronne légère,
Mes bons amis, vous la verrez.

Vous _a verrez cette étoile que j'aime,
Et qui n'a brillé qu'un seul jour... Ah !
Ma Paola, viens, ô mon bien suprême,
Ma Paola, mon seul amour... Ah !
Viens, ô toi, mon bien suprême,
Ma Paola, (*Bis.*) mon seul amour !

C'était la nuit, j'étais seul, triste et sombre,
Quand à mes yeux baignés de pleurs,
Elle apparut, aussi pâle qu'une ombre...
Pour un instant, plus de douleurs !
Elle me dit : O Frantz, ô mon bon frère,
Oui, tous les ans, pendant ce jour...Ah !
Tu reverras celle qui t'est si chère,
Ta Paola, ton seul amour.
Tu reverras celle qui t'est si chère
Oui, ta Paola, ta Paola, ton seul amour.

Chez moi, sans doute, elle est déjà ;
Adieu ! je cours revoir ma Paola !
Adieu ! adieu ! adieu !

Les couplets ci-dessus sont extraits de la pièce en vente au prix de 1 franc chez Mme Vve Jonas, éditeur 4, rue Mandar, Paris.

PAPA GRAND-PÈRE

CHANSON

Paroles de Paul AVENEL. Musique de
Charles GOURLIER.

*La musique se trouve chez LE BAILLY, éditeur,
rue Cardinale, 6, à Paris.*

1er COUPLET. Andante.

Quand la na-
ture a per-du son sou-ri-re, Quand le soleil pâ-lit à l'ho-ri-zon Et que l'hiver aux travailleurs vient di-re Quittez les
champs, ren-trez à la mai-son: Il est un
coin ai-mé de la fa-mil-le Où le bonheur con-ser-ve son ciel bleu; Le gril-lon
chante et le foyer pé-til-le. C'est le coin du

feu! C'est... le coin du feu...

Dans mon fauteuil en de longs jours j'espère,
Contre le temps, ma foi! je me défends,
Et l'on m'appelle un bon papa grand-père;
Ils sont si gais mes tout petits-enfants!
Si ma bonté va jusqu'à la faiblesse,
Avec plaisir je vous en fais l'aveu;
Le paradis d'une heureuse vieillesse,

    C'est le coin du feu. (*Bis.*)

A la veillée un cœur jeune babille,
Et c'est en vain qu'il veut dissimuler:
Jean ne dit pas que Jeannette est gentille,
Les amoureux s'entendent sans parler;
Leurs doux regards sont remplis de caresses,
On dit: Je t'aime! en frissonnant un peu;
Le rendez-vous des premières ivresses,

    C'est le coin du feu. (*Bis.*)

Moi, vieux soldat, de nos gloires passées
J'ai conservé le pieux souvenir.
Vers mon drapeau retournent mes pensées,
Lui que l'honneur sut toujours bien tenir.
Ah! que ne puis-je au cri de la patrie
Combattre encor pour sa grandeur et Dieu!
Mais le bivac où maintenant... je prie,

    C'est le coin du feu. (*Bis.*)

Au coin du feu souvent je dors et rêve,
A mon réveil faites un bon accueil,
Car ce récit que devant vous j'achève
Pour confident n'eut que mon grand fauteuil.
Les envieux font vertu de l'envie ;
Vivez en paix, amis, voilà mon vœu...
Moi, ce que j'aime au déclin de la vie,

C'est le coin du feu. (*Bis.*)

ELLE NE CROYAIT PAS

DANS SA CANDEUR NAÏVE.

Mélodie Chantée dans *MIGNON*,

OPÉRA-COMIQUE,

Paroles de MM. CARRÉ et J. BARBIER.

Musique d'Ambroise THOMAS.

*La musique se trouve chez HEUGEL et C*ⁱᵉ,
2 bis, rue Vivienne.*

Elle ne croyait pas, dans sa candeur naïve,
Que l'amour innocent qui dormait dans son cœur
Dût se changer, un jour, en une ardeur plus vive,
Et troubler à jamais son rêve de bonheur !...

Pour rendre à la fleur épuisée
Sa fraîcheur, son éclat vermeil,
O printemps, donne-lui ta goutte de rosée !
O mon cœur ! donne-lui (*Bis*) ton rayon de soleil!

C'est en vain que j'attends un aveu de sa bouche ;
Je veux connaître en vain ses secrètes douleurs :
Mon regard l'intimide et ma voix l'effarouche,
Un mot trouble son âme et fait couler ses pleurs !...

Pour rendre à la fleur épuisée
Sa fraîcheur, son éclat vermeil,
O printemps, donne-lui ta goutte de rosée !
O mon cœur ! donne-lui (*Bis.*) ton rayon de soleil

Les couplets ci-dessus sont extraits de la pièce en vente au prix
de 1 franc chez Calmann-Lévy, éditeur, 3, rue Auber, et 15, boulevard des Italiens.

VICTIME DE L'ABSINTHE

ROMANCE DRAMATIQUE.

Paroles et musique de Frédéric TREMEL.

*La Musique se trouve chez H.-C. de PLOOSEN,
éditeur, 58, passage Brady, Paris.*

Enfants, voyez cet homme à la figure blême,
Comme sa lèvre est pâle et ses yeux abattus !
Pour vivre quelques jours, dans un effort suprême
Il cherche à ranimer des forces qu'il n'a plus.
Auprès de lui gémit sa mère consternée,
Qui lui prodigue en vain tous les secours de l'art ;
Mais il n'est plus d'espoir, sa vie est condamnée,
Et les soins maternels lui sont donnés trop tard.

Il est mort à vingt ans sans jeter une plainte,
Mort sans avoir connu le bonheur ici-bas ;
Sur sa tombe est écrit ; VICTIME DE L'ABSINTHE !
Enfants qui m'écoutez, oh ! ne l'imitez pas !

VICTIME DE L'ABSINTHÉ.

Il eût pu, comme un autre, être heureux dans la vie
Et s'assurer un jour le pain du lendemain ;
Mais ses vils compagnons de débauche et d'orgie
Lui firent, par malheur, quitter le droit chemin.
Dans les plaisirs impurs il poursuivait l'ivresse,
L'ivresse qui lui prit et son âme et son cœur,
Et qui fit un vieillard de vingt ans de jeunesse,
Alors qu'il était fait pour goûter au bonheur.

      Il est mort, etc.

Un jour, se souvenant qu'il avait une mère,
Il revint chancelant et triste à la maison ;
Il voulut travailler, mais la liqueur amère
Avait brisé son corps et détruit sa raison.
Il traîna quelque temps cette horrible existence,
Comme un être inutile, à chaque instant maudit,
Et qui laisse après lui les siens sans assistance,
Puis de ce monde, enfin, sans regrets il partit.

      Il est mort, etc.

ADIEU, MIGNON

Mélodie chantée dans *MIGNON*
OPÉRA-COMIQUE

Paroles de MM. CARRÉ et J. BARBIER.
Musique d'Ambroise THOMAS.

La Musique se trouve chez HEUGEL et Cie, éditeurs,
2 bis, rue Vivienne.

Adieu, Mignon, courage !
Ne pleure pas !
Les chagrins sont bien vite oubliés à ton âge,
Dieu te consolera !

Dieu te consolera ! mes vœux suivront tes pas !...
Mes vœux suivront tes pas .
Ne pleure pas !

Puisses-tu retrouver et famille et patrie !
Puisses-tu rencontrer en chemin le bonheur !
Je te quitte à regret, et mon âme attendrie
Partage ta douleur.

Adieu, Mignon, etc.

N'accuse pas mon cœur de froide indifférence !
Ne me reproche pas de suivre un fol amour :
En te disant adieu, je garde l'espérance
De te revoir un jour.

Adieu, Mignon, etc.

Les couplets ci-dessus sont extraits de la pièce en vente au prix de 1 fr. chez Calmann-Lévy, éditeur, 3, rue Auber, et 15, boulevard des Italiens, Paris.

———————

VAILLANTS GUERRIERS

COUPLETS DU GUERRIER VALENTIN

Chantés dans *LE PETIT FAUST*

OPÉPA-BOUFFE

Paroles de H. CRÉMIEUX et Ad. JAIME.
Musique d'HERVÉ.

*La Musique se trouve chez HEUGEL et C*ie*, éditeurs, 2 bis, rue Vivienne, Paris,*

(*Chœur des soldats.*)

Vaillants guerriers, sur la terre étrangère,
Combattre est un plaisir,

LE PETIT FAUST.

Les ennemis y mordront la poussière
Et ça les f'ra mourir.

(Pour finir, Valentin frappe du pied en disant en mesure : un' ! deux !)

Quand un militaire,
Il part pour la guerre,
Il embrasse son père.
— Et s'il n'a pas de père ?
Il embrasse sa mère.
— Et s'il n'a pas de mère ?
Il embrasse son frère.
— Et s'il n'a pas de frère ?

PARLÉ. Ah ! dam !

Et s'il n'a pas de frère...
Il se contente alors d'embrasser sa carrière.

(Chœur.)

Contentons-nous d'embrasser notr' carrière.

PARLÉ. C'est très-bien !

En avant,
Rantanplan,
Le joyeux régiment !
Vaillants guerriers, etc.

Quand la paix s'assure,
Dépo...osant l'armure,
Il pense à sa masur'.
— S'il n'a pas de masure ?
Il pense à la verdur'.
— S'il n'a pas de verdure ?

Il pense à sa futur'.
— S'il n'a pas de future?

PARLÉ. Allons ! voyons ! qu'est-ce qui n'a pas une petite payse ?

S'il n'a pas de future,
Il se contente alors de panser sa blessure.

(*Chœur.*)

Contentons-nous de panser notr' blessure.

PARLÉ. C'est très-bien !

En avant,
Rantanplan,
Le joyeux régiment !

PARLÉ. Messieurs ! que vous oubliez que vous êtes à cheval.

Vaillants guerriers, etc.

Les couplets ci-dessus sont extraits de la pièce en vente chez Calmann-Lévy, éditeur, 3, rue Auber, et 15, boulevard des Italiens, Paris.

CONNAIS-TU LE PAYS

OU FLEURIT L'ORANGER ?

Romance chantée dans *MIGNON*,

OPÉRA-COMIQUE

Paroles de Michel CARRÉ et Jules BARBIER.
Musique d'Ambroise THOMAS.

*La Musique se trouve chez HEUGEL et Cie, éditeurs,
2 bis, rue Vivienne, Paris.*

Connais-tu le pays où fleurit l'oranger :
Le pays des fruits d'or et des roses vermeilles,
Où la brise est plus douce et l'oiseau plus léger,

Où dans toute saison butinent les abeilles,
Où rayonne et sourit, comme un bienfait de Dieu,
Un éternel printemps sous un ciel toujours bleu ?

    Hélas ! que ne puis-je te suivre
Vers ce rivage heureux, d'où le sort m'exila !
    C'est là, c'est là que je voudrais vivre,
      Aimer, aimer et mourir ;
     C'est là que je voudrais vivre,
      C'est là, oui, c'est là !

Connais-tu la maison où l'on m'attend là-bas :
La salle aux lambris d'or où des hommes de marbre
M'appellent, dans la nuit, en me tendant les bras ?
Et la cour où l'on danse à l'ombre d'un grand arbre ?
Et le lac transparent où glissent sur les eaux
Mille bateaux légers pareils à des oiseaux ?

    Hélas ! que ne puis-je te suivre
Vers ce rivage heureux, d'où le sort m'exila ?
    C'est là, c'est là que je voudrais vivre,
      Aimer, aimer et mourir ;
     C'est là que je voudrais vivre,
      C'est là, oui, c'est là !

Les couplets ci-dessus sont extraits de la pièce en vente au prix de 1 franc chez Calmann-Lévy, éditeur, 3, rue Auber, et 15, boulevard des Italiens, Paris.

LÉGÈRES HIRONDELLES

Mélodie chantée dans *MIGNON*.

OPÉRA-COMIQUE

Paroles de Michel CARRÉ et Jules BARBIER
Musique d'Ambroise THOMAS.

*La Musique se trouve chez HEUGEL et Cie, éditeurs,
2 bis, rue Vivienne, Paris.*

Légères hirondelles !
Oiseaux bénis de Dieu,
Ouvrez, ouvrez vos ailes,
Envolez-vous ! Adieu !
Envolez-vous ! ouvrez vos ailes !
Légères hirondelles,
Ouvrez, ouvrez vos ailes,
Envolez-vous ! envolez-vous ! Adieu !
Fuyez vers la lumière ;
Fuyez vite, là-bas, vers l'horizon vermeil !
Heureuse la première
Qui reverra demain le pays du soleil.

Envolez-vous ! légères hirondelles,
Oiseaux bénis de Dieu !
Ouvrez, ouvrez vos ailes,
Envolez-vous !... Adieu !
Envolez-vous ! ouvrez vos ailes,
Légères hirondelles,
Ouvrez, ouvrez vos ailes,
Envolez-vous ! envolez-vous ! Adieu !

Les couplets ci-dessus sont extraits de la pièce en vente au prix de 1 franc chez Calmann-Lévy, éditeur, 3, rue Auber, et 15, boulevard des Italiens, Paris.

PARDONNE-MOI JE T'AIME

ROMANCE

Chantée par Mlle Maria DELILLE, à l'Eldorado.

Paroles de E. MEUNIER. Musique de Ch. POURNY.

La musique se trouve chez LE BAILLY, Éditeur,
rue Cardinale, 6, Paris.

And° quasi **Allt°**

1er COUPLET.

Je con -

nais un mot que cha-cun Répè - te sans jamais l'ap-

pren-dre Du cœur il est le plus com-

mun Et le cœur seul sait le compren-dre

Je l'en-ten-dis près d'un sen - tier

Ce doux mot qu'aux champs l'amour sème, La

ad lib.

voix disait dans un bai - ser Par-don-ne-

moi, Par-don-ne-moi, je t'ai - me.

Je l'ai répété bien souvent,
Je m'en souviens, dans mon enfance,
Après ce péché de l'enfant
Qu'on nomme désobéissance.
Puis à maman, pour mon pardon,
J'allais, d'une candeur extrême
Lui dire, en la baisant au front :
    Pardonne-moi, (*Bis.*) je t'aime.

Pierre, au bois, me disait un jour :
Jeanne, que tu deviens gentille !
Pour toi, mon cœur est plein d'amour.
Réponds de ton regard qui brille.
Que je voudrais prendre à ton sein
Cette fleur, qui, comme un poëme,
Eclôt sous un souffle divin...
    Pardonne-moi, (*Bis.*) je t'aime.

N'osant alors lui refuser,
Je laissai prendre la fleurette
Qu'il effeuilla dans un baiser.
Chère petite pâquerette !
D'un galant, non, je ne veux pas !
Mais, par l'amour prise moi-même,
Il me fallut dire tout bas :
    Pardonne-moi, (*Bis.*) je t'aime.

Le prêtre a béni notre amour.
C'était grande fête au village,
Pour moi ce fut un bien beau jour,
Celui de notre mariage.
En m'éveillant, le lendemain,

Cherchant l'oranger, fleur suprême,
Je rougis..... Pierre dit : Enfin !...
Pardonne-moi, (*Bis.*) je t'aime.

LES CARABINIERS

Ronde chantée dans *LES BRIGANDS*

OPÉRA-BOUFFE

Paroles de H. MEILHAC et LUDOVIC HALÉVY.
Musique de J. OFFENBACH.

La Musique se trouve chez COLOMBIER, éditeur,
6, rue Vivienne, Paris.

J'entends un bruit de bottes, de bottes,
De bottes, de bottes, de bottes,
C'est le premier carabinier. (*Bis.*)
Ce sont les bottes, les bottes, les bottes,
Les bottes, les bottes, les bottes,
Les bottes des carabiniers,
Oui, des carabiniers.
Silence ! silence !

Nous sommes les carabiniers,
La sécurité des foyers ;
Mais, par un malheureux hasard,
Au secours des particuliers
Nous arrivons, nous arrivons,
Nous arrivons,
Toujours trop tard ! (5 *fois.*)

La ronde est-elle terminée?
Ou y a-t-il un' s'cond' tournée ?
La ronde n'est pas terminée,
Voici la seconde tournée,
    Cachons-nous bien,
    Ne disons rien.

Nous sommes les carabiniers,
La sécurité des foyers ;
Mais, par un malheureux hasard,
Au secours des particuliers
Nous arrivons, nous arrivons,
    Nous arrivons,
    Toujours trop tard ! (5 *fois*.)

J'entends encor les bottes, les bottes,
Les bottes, les bottes, les bottes,
Les bottes des carabiniers. (*Bis*.)
On n'entend plus les bottes, les bottes,
Les bottes, les bottes, les bottes,
Les bottes des carabiniers,
    Oui, des carabiniers.
Les bottes, les bottes, les bottes, les bottes,
Les bottes des carabiniers. (*Bis*.)

Les couplets ci-dessus sont extraits de la pièce en vente au prix de 2 francs chéz Calmann-Lévy, éditeur, 3, rue Auber, et 15, boulevard des Italiens, Paris.

MES 28 JOURS

Chanson *des* RÉSERVISTES

Paroles de E. ANDRÉ. Musique de BEN TAYOUX.

La musique se trouve chez E. MINIER, éditeur,
38 et 40, boulevard Haussmann, et 15, rue de
la Chaussée-d'Antin.

De la réserve je suis membre,
Et je vais philosophiqu'ment
Faire février en septembre,
En rejoignant le régiment.
Il en est dont l' cœur se déchire
Au moment d' la séparation ;
Quant à moi, mon Dieu, j' vais vous dire
Quelle est là-d'sus mon opinion :

Vingt-huit jours sans voir ma belle-mère,
Vive, ma foi, vive, ma foi !
  Le servic' militaire ;
Sous-officiers, caporaux et soldats,
Ah ! laissez-moi vous serrer dans mes bras ! *(Bis.)*

Calme des champs et paix de l'âme,
Fut-il jamais sort plus heureux !
Vrai, si ce n'était ma p'tit' femme,
J' partirais encor plus joyeux.
Cher ange, pauvre tourterelle !
Un mois loin de son gros chien-chien!
Mais son cousin reste auprès d'elle,
D' la distraire il trouv'ra l' moyen.

  Vingt-huit jours, etc.

MES 28 JOURS.

4

J'emporte un flacon de benzine,
Du saucisson et du rosbif,
Des chaussettes de laine fine,
De l'eau d' Cologne et puis du suif,
Trois ch'mis's de toile, un' pip' splendide ;
Enfin, je viens de faire achat
D'un' boît' de poudre insecticide.
Ah ! quel plaisir d'être soldat !

    Vingt-huit jours, etc...

Au point du jour en avant...arche,
    Prrra pa pa pa pa !
C'est l'commenc'ment du tremblement.
    Prrra pa pa pa pa !
Marche, remarche et contre-marche,
    Une ! deusse !
Pas en arrièr', pas en avant.
    Gauche ! droite !
Dans tout ceci, ce qui m' console,
C'est qu' si ma femm' ne marche pas,
    Troisse ! quatre !
Dans un mois j' vous donn' ma parole
Que j' saurai bien la mettre au pas.

    Vingt-huit jours, etc...

Loin d'une famille chérie,
Les jours quelquefois semblent longs :
Alors, on pense à la patrie,
C'est la grande famille... allons !
Et, qu'ils soient gais ou qu'ils soient tristes,
Qu'ils soient d' la ferme ou du château,

Partout, partout nos réservistes.
Ont fait leur devoir, — et c'est beau.
Sachant bien que la France est leur mère,
Ils apprendront le métier militaire :
Quand la patrie a besoin de leurs bras,
Tous les Français doivent être soldats.

LE JUGEMENT DE PARIS

FABLIAU

Chanté par DUPUIS, au théâtre des Variétés

DANS

LA BELLE HÉLÈNE

OPÉRA-BOUFFE

Paroles de Henri MEILHAC et Ludovic HALÉVY
Musique de J. OFFENBACH.

La Musique se trouve chez HEUGEL et Cie, éditeurs,
2 bis, rue Vivienne, Paris.

Au mont Ida trois Déesses
Se querellaient dans un bois :
Quelle est, disaient ces princesses,
La plus belle de nous trois ?

Evohé ! que ces déesses
Pour enjôler les garçons,
Evohé ! que ces déesses
Ont de drôles de façons ! (*Bis.*)

Dans ce bois passe un jeune homme,
Un jeune homme frais et beau !

PARLÉ. C'est moi !

Sa main tenait une pomme,
Vous voyez bien le tableau... Eh !

Holà ! eh ! le beau jeune homme,
Un instant, arrêtez-vous,
Et veuillez donner la pomme
A la plus belle de nous.

Evohé ! que ces Déesses
Pour enjôler les garçons,
Evohé ! que ces Déesses
Ont de drôles de façons ! (*Bis.*)

L'une dit : J'ai ma réserve,
Ma pudeur, ma chasteté ;
Donne le prix à Minerve,
Minerve l'a mérité.

Evohé ! que ces Déesses
Ont de drôles de façons...

L'autre dit : J'ai ma naissance,
Mon orgueil et mon paon ;
Je dois l'emporter, je pense !...
Donne la pomme à Junon !

Evohé ! que ces Déesses
Ont de drôles de façons
Pour enjôler les garçons...

La troisième, ah! la troisième
La troisième ne dit rien...
Elle eut le prix tout de même.

PARLÉ. Chalcas, vous m'entendez bien...

Evohé! que ces Déesses
Pour enjôler les garçons...
Evohé! que ces Déesses
Ont de drôles de façons ! (*Bis.*)

Les couplets ci-dessus sont extraits de la pièce en vente au pri:
de 2 francs chez Calmann-Lévy, éditeur, 3, rue Auber, et 15, bou
levard des Italiens, Paris.

LES DEUX HOMMES D'ARMES

DUO

Chanté dans

GENEVIÈVE DE BRABANT

OPÉRA-BOUFFE

Paroles de Hector CRÉMIEUX et E. TRÉFEU.

Musique de J. OFFENBACH.

*La Musique se trouve chez HEUGEL et Cie, éditeurs,
2 bis, rue Vivienne, Paris.*

— Protéger le repos des villes,
— Courir sus aux mauvais garçons,
— Ne parler qu'à des imbéciles,
— En voir de toutes les façons...
— Un peu de calme, après, vous charme!
— C'est assez calme, ici, sergent !

LES DEUX HOMMES D'ARMES

(*Ensemble.*)

— Ah! qu'il est beau (*Bis.*) d'être homme d'armes (*Bis.*)
  Mais que c'est un sort exigeant !
— Ah! qu'il est beau (*Bis.*) d'être homme d'armes (*Bis.*
  Mais c'est un sort exigeant !

— Ne pas jamais ôter ses cottes...
— C'est bien pénible, en vérité !
— Dormir après de longues trottes...
— Rêver, c'est la félicité !
— Sentir la violette de Parme...
— Vous me comblez, ô mon sergent !
  Ah ! qu'il est beau (*Bis.*), etc.

— Être jour et nuit de service,
— N'en retirer aucun profit,
— Ne vivre que de sacrifice,
— Avoir constamment appétit...
— Vrai ! l'eau de mélisse des Carmes
— Rapporte plus, pour sûr, sergent !

  Ah ! qu'il est beau (*Bis.*), etc.

Les couplets ci-dessus sont extraits de la pièce en vente au prix
de 1 fr. 50 c. chez Calman-Lévy, éditeur, 3, rue Auber, et 15, boulevard des Italiens, Paris.

CES ROIS REMPLIS DE VAILLANCE

Couplets des Rois chantés dans

LA BELLE HÉLÈNE

OPÉRA-BOUFFE

Paroles de H. MEILHAC et L. HALÉVY
Musique de J. OFFENBACH.

La Musique se trouve chez HEUGEL et Cie, éditeurs,
2 bis, rue Vivienne, Paris.

Ces rois remplis de vaillance,
Plis de vaillance, plis de vaillance
C'est les deux Ajax,
Les deux, les deux Ajax,
Étalant t'avec jactance,
T'avec jactance, t'avec jactance,
Leur double thorax,
Leur dou double thorax.
Parmi le fracas immense
Des cuivres de Sax,
Ces rois remplis de vaillance,
Plis de vaillance, plis de vaillance,
C'est les deux Ajax,
Les deux, les deux Ajax !
Ces rois remplis de vaillance,
Plis de vaillance,
C'est les deux Ajax.
Ces rois remplis de vaillance,
Plis de vaillance,
C'est les deux Ajax !

Je suis le bouillant Achille,
　　Le grand Myrmidon,
Combattant un contre mille,
　　Grâce à mon plongeon ;
J'aurais l'esprit bien tranquille,
　　N'était mon talon.
Je suis le bouillant Achille,
　　Le grand Myrmidon.　　　　　(*Ter.*)

Je suis mari de la reine,
　　Le roi Ménélas ;
Je crains bien qu'un jour Hélène,
　　Je le dis tout bas,
Ne me fasse de la peine ;
　　N'anticipons pas !
Je suis mari de la reine,
　　Le roi Ménélas.　　　　　(*Ter.*)

Le roi barbu qui s'avance,
　　C'est Agamemnon,
Et ce nom seul me dispense
　　D'en dire plus long :
J'en ai dit assez, je pense,
　　En disant mon nom ;
Le roi barbu qui s'avance,
　　C'est Agamemnon.　　　　　(*Bis.*)
Le roi barbu qui s'avance,
C'est Agamemnon, Aga, Aga, Agamemnon.

Les couplets ci-dessus sont extraits de la pièce en vente au prix de 2 francs chez Calmann-Lévy, éditeur, 3, rue Auber, et 15, boulevard des Italiens, Paris.

J'AIME PAS CES PLAISANT'RIES-LA !

CHANSONNETTE

Créée par VICTORIN à l'Eldorado.

Paroles de VILLEMER et DELORMEL.
Musique de Charles POURNY

*La Musique se trouve chez LE BAILLY, Éditeur,
rue Cardinale, 6, Paris.*

1er COUPLET.

Y a des

gens qui dans vos bot _ tes Cass'nt des

œufs pour s'amu-ser, Ou bien dans l'fond d'vos cu-

_ lottes, Vous fourr'nt du poil à grat _ ter, Y en a

d'autr's, qui manqu'nt d'u _ sa-ge, Qui dans

un diner d'ga-la, Cherch'nt des ch'veux dans leur po-

ta _ ge, J'aim' pas ces plai _ san _ t'ri's

là! J'aim' pas ces plai _ san _ t'ri's là!

Hier, je m' trouvais dans l' monde :
Il y avait un piano,
Aussi ma p'tit' Cunégonde
Voulut chanter un morceau ;
Quand v'là qu' mon voisin sourcille
Et d'mand' : Qu' est c'qui braill' comm' ça?
J' lui dis : Monsieur, c'est ma fille !...
J'aim' pas ces plaisant'ri's-là ! (*Bis.*)

C' màtin on frappe à ma porte,
J'ouvre en r'gardant au dehors,
Et j'aperçois une escorte
Composé' de quatr' croqu'morts :
L'un d'eux, m'saluant avec grâce,
Me dit : Quand monsieur voudra ?
J' lui cri' : C'est la porte en face...
J'aim' pas ces plaisant'ri's-là ! (*Bis.*)

Anatole, mon beau-frère,
Farceur premier numéro,
M'adressa la s'main' dernière
Un' bouteill' plein' non franco.
Dame ! aussitôt que j' l'ai r'çue,
Moi, j' veux voir le goût qu'elle a :
C'était d' l' huil' de foi' d' morue !...
J'aim' pas ces plaisant'ri's-là ! (*Bis.*)

Je n' suis pas d'humeur jalouse,
Et quand mon ami Ducloud
Un jour m'enl' va mon épouse,
J' jugeai la farc' de bon goût.
Mais où j' trouv' le tour infâme,
C'est que six s'main's après ça

Le v'là qui m' ramèn' ma femme...
J'aim' pas ces plaisant'ri's-là ! (*Bis.*)

Pour ma tant' la s'main' dernière
J'achète un beau râtelier,
Et dans un' poch' de derrière
Je l' mets sans plus m'en méfier ;
Rentré dans mon domicile,
Sur lui j' m'asseois... et voilà
Qu' je m' mords comme un imbécile.
J'aim' pas ces plaisant'ri's-là ! (*Bis.*)

L'autre jour c'était ma fête,
Et ma chèr' Félicité
M'offrit un' superbe tête
De cerf en chêne sculpté.
Mon bonheur n'avait plus d' bornes
Quand mon cousin m' dit comm' ça :
— Il y manque un' pair' de cornes !
J'aim' pas ces plaisant'ri's-là ! (*Bis.*)

Au bal je fis la conquête
D'un p'tit domino masqué ;
J' l'emm' nai souper chez Vachette...
On but du champagn' frappé.
Quand vint l' dessert, plein d'ivresse,
J'ôtai son masque.. (*Piteux.*) oh ! la la !
Je m' trouve en fac' d'un' négresse...
J'aim' pas ces plaisant'ri's-là ! (*Bis.*)

En rentrant à ma demeure
Vers les une heur' du matin,
L'autr nuit quelqu'un me d'maud' l'heure

Et j'sors ma montr' comme un s'rin
Y m' dit : Est-ce un chronomètre ?
— Oui, lui réponds-je, et voilà
Qu'il me la fait disparaître ;
J'aim' pas ces plaisant'ri's-là ! (*Bis.*)

J' vois aux annonc's d'Angoulême
Qu'un' rich' veuv' veut se r'marier ;
Or, comm' je suis veuf moi-même,
J' cours au journal sans tarder.
Je d'mande à voir la bergère ;
On m' dit : Entrez.. la voilà !
C'était mon ancienn' bell' mère....
J'aim' pas ces plaisant'ri's-là ! (*Bis.*)

LE TURCO

Poésie de Paul DEROULÈDE.

C'était un enfant, dix-sept ans à peine,
De beaux cheveux blonds et de grands yeux bleus.
De joie et d'amour sa vie était pleine,
Il ne connaissait le mal ni la haine ;
Bien-aimé de tous, et partout heureux.
C'était un enfant, dix-sept ans à peine,
De beaux cheveux blonds et de grands yeux bleus

Et l'enfant avait embrassé sa mère,
Et la mère avait béni son enfant ;
L'écolier quittait les héros d'Homère ;
Car on connaissait la défaite amère,

Et que l'ennemi marchait triomphant ;
Et l'enfant avait embrassé sa mère,
Et la mère avait béni son enfant.

Elle prit au front son voile de veuve
Et l'accompagna jusqu'au régiment.
L'enfant rayonnait sous sa veste neuve.
L'instant de l'adieu fut l'instant d'épreuve.
« Courage, mon fils ! — Courage, maman ! »
Elle prit au front son voile de veuve
Et l'accompagna jusqu'au régiment.

Mais lorsque l'armée eut gravi la pente :
« Mon Dieu, disait-elle, ils m'ont pris mon cœur
Tant qu'il est parti, mon âme est absente. »
Et l'enfant pensait : « Ma mère est vaillante,
Je suis son fils et je n'aurai pas peur. »
Mais lorsque l'armée eut gravi la pente :
« Mon Dieu, disait-elle, ils m'ont pris mon cœur. »

Le petit turco se battait en brave ;
Mais, quand vint l'hiver, il toussait bien fort,
Et le médecin, voyant son œil cave,
Lui disait : « Partez, mon enfant, c'est grave ! »
L'enfant répondait : « Non, non pas encor ! »
Le petit turco se battait en brave ;
Mais, quand vint l'hiver, il toussait bien fort.

« Non, je ne veux pas quitter notre armée :
Tant que les Prussiens sont dans mon pays.
Je veux délivrer la France opprimée ;
Je veux pouvoir dire à ma mère aimée
Si je te reviens, c'est qu'ils sont partis.

Non je ne veux pas quitter notre armée
Tant que les Prussiens sont dans mon pays. »

Pendant quelques jours le sort nous fit fête,
Et les Allemands fuyaient devant nous.
Mais ils s'étaient fait un camp de retraite ;
Devant ces fossés leur fuite s'arrête,
Et tous ces renards entrent dans leurs trous.
Pendant quelques jours, le sort nous fit fête,
Et les Allemands fuyaient devant nous.

Les remparts sont hauts, la plaine est immense,
Tout ce qui s'approche est bientôt détruit.
On fuit, on revient, l'assaut recommence,
Et le régiment des turcos s'élance,
Et le régiment des turcos périt...
Les remparts sont hauts, la plaine est immense,
Tout ce qui s'approche est bientôt détruit.

L'enfant est tombé, frappé d'une balle,
Mais un vieux soldat l'a pris sur son dos ;
Il ne connaît pas la fuite fatale ;
La mort a déjà cerné son front pâle ;
Ses yeux, sans regards, sont à demi clos;
L'enfant est tombé, frappé d'une balle,
Mais un vieux soldat l'a pris sur son dos.

Et le grand Arabe est là qui le garde,
Au bord d'une source, au fond d'un ravin.
Au loin le canon mugit et bombarde...
Levant doucement sa tête hagarde,
Son regard mourant s'anime soudain ;
Et le grand Arabe est là qui le garde,
Au bord d'une source, au fond d'un ravin.

« Où sont les Prussiens ? Réponds, réponds vite.

« Les avons-nous bien vaincus cette fois ?

« Sommes-nous en France, et sont-ils en fuite ?

Et l'enfant, voyant que l'Arabe hésite,

Reprit tristement de sa douce voix :

« Où sont les Prussiens ? Réponds, réponds vite.

« Dis, les avons-nous vaincus cette fois ? »

Et le vieux turco se prit à lui dire :

« Oui, petit Français, tu les as vaincus.

« — Alors je m'en vais... veux-tu me conduire?...

« Oh ! ma chère mère !... » Et dans ce sourire,

L'enfant s'endormit et ne parla plus.

Et le vieux turco ne cessait de dire :

« Oui, petit Français, tu les as vaincus. »

Les couplets ci-dessus sont extraits des *Chants du Soldat*, ouvrage couronné par l'Académie française, et en vente, au prix de 1 fr., chez Calmann-Lévy, éditeur, rue Auber, 3, et boulevard des Italiens, 15, Paris.

LES EXPLOITS D'UN CHASSEUR

SCÈNE COMIQUE.

Créée par J. ARNAUD au concert de la Scala

Paroles de F. DUVERT. Musique de J. ARNAUD.

La Musique se trouve chez LE BAILLY, éditeur, rue Cardinale, 6, Paris.

Chacun, dit-on, a sa toquade :
Les uns sont fous d' la limonade,
Les autres du p'tit vin d'Argenteuil ;
Pour les gourmands c'est la cuisine,
Pour les gandins c'est un' badine
Avec un p'tit carreau dans l'œl.

LES EXPLOITS D'UN CHASSEUR.

PARLÉ. Ma toquade, à moi, c'est la chasse... oh! la chasse!... Mais ne confondons pas... nous avons les chasseurs à la pièce de cent sous; les chasseurs à la boustifaille; les chasseurs à pied et les chasseurs à cheval... C'est pas ça... Je suis un disciple du grand saint Hubert! la terreur du gibier à poil et à plume... Pour de l'adresse, j'ai de l'adresse... C'est pas comme Bredouillard, mon ami, qui depuis qu'il se promène le fusil sous le bras, n'a encore tué que trois alouettes, un rat d'eau, deux chiens et un âne qu'il avait pris pour un lièvre... une vraie mazette, quoi!... Aussi je ne cesse de lui dire: Mon vieux, quand tu iras à la chasse, n'oublie pas de garnir ton gousset, car si tu viens à tuer un mouton pour un lapin de garenne, il faut être en mesure de le payer sous peine d'être rossé.... (Réplique.) Je sais ce que c'est, moi qui te parle.

Tontaine tontaine
Tontaine ton ton
Courir en plaine
Tontaine
Quel plaisir, cré nom!
Tontaine ton ton.

Un jour, étant à la campagne,
J' faisais des châteaux en Espagne
En partant le fusil sous le bras.
Je m' dis: Faut me faire connaître,
Aujourd'hui faisons un coup d'maître
Et tuons du gibier par tas.

PARLÉ. En effet, sur le soir j'étais tellement chargé

de gibier, qu'il fallut aller chercher une carriole pour
le transporter... Pour de l'adresse, c'est de l'adresse...
ce n'est pas comme Bredouillard, qui la veille étant
parti à la chasse et rentrant le soir parfaitement
bredouille, selon son habitude, trouve sur son chemin
un paysan qui tenait un superbe lièvre par les oreilles et qui lui fait un signe... Bredouillard comprend
et glisse une pièce de cent sous dans la main du
paysan qui lui fourre le lièvre dans sa carnassière...
mais le soir au salon, en attendant le dîner, comme
il recevait les félicitations de la société sur son
exploit de la journée, voilà la cuisinière qui entre
et se met à dire d'un air goguenard : — Dites donc,
m'sieu, à qué sauce qui faut l' mettre, votre lièvre?...
— En civet, répond Bredouillard en se poussant du
col... — C'est que j'vas vous dire, m'sieu, comme il
est empaillé, j' savons point !... Le fait était véridi-
que... C'était un lièvre empaillé... mon ami en a fait
une maladie et je lui ai dit : Mon vieux, une autre
fois passe chez le marchand de gibier, mais fais bien
attention qu'il ne soit pas faisandé, si tu veux qu'on
croie que tu l'as tué vivant... je sais ce que c'est,
moi qui te parle...

Tontaine tontaine, *etc.*

Un jour je lui dis : Je te prête
Mon chien, une excellente bête.
Avec lui, tu vas t'en donner.
Médor de la chasse a la fièvre,
Il irait découvrir un lièvre
Même à la cime d'un clocher.

PARLÉ. Donc, étant à la chasse, je dis à Bredouillard : Je vas te laisser mon chien ; mais avant je veux te donner une leçon... justement Médor était en arrêt... Je m'avance, quatre perdrix partent à la fois... une file derrière, une devant, les deux autres à droite et à gauche... je les tue toutes les quatre d'un coup de fusil... j'avais tiré en fauchant !... pour de l'adresse, c'est de l'adresse !...Bredouillard voyant ça, se pique d'honneur et suit mon chien qui faisait arrêt sur arrêt... Un perdreau part... pin !... il le manque... Médor secoue les oreilles d'un air vexé, mais continue à chasser... un lièvre déboule... pin !... rien !... Médor s'assied sur son derrière et le regarde en ayant l'air de dire : Pignouf, va !... mais, comprenant ses devoirs de chien, il continue et lui fait partir sous le nez une compagnie entière.. pin !.. pin !.. du bruit, de la fumée ; mais pour du gibier, va-t'en voir s'ils viennent !... Alors Médor ne fait ni une ni deux, il se dirige vers Bredouillard et, avant que ce dernier ait pu deviner ses intentions, il lève la patte et lui fait sur son pantalon la plus sanglante injure qu'un animal puisse faire à un être civilisé...

Tontaine tontaine, *etc.*

Même quand la chasse est fermée,
Pour ne pas perdr' ma renommée,
Au gibier j' fais un' guerre à mort.
J' suis l'inventeur d' plus d'un système,
Je chasse et rechasse quand même ;
Le braconnag', voilà mon fort.

PARLÉ. Ainsi, pour prendre des canards sauvages,

par exemple... je me rends dans un marais, j'attache un gland à une ficelle très-longue et je fixe l'autre bout à un pieu .. Un canard arrive... quoin, quoin, il avale le gland... et comme ces volatiles digèrent très-vite, cinq minutes après le gland sort par l'opposé du bec et toujours attaché à la ficelle... un autre canard se présente... quoin, quoin, quoin... il ravale le gland qui ressort et est ravalé par un troisième, et ainsi de suite jusqu'à ce que la ficelle enfile toute la bande... Pour le lièvre, c'est encore plus simple... je me rends par un beau clair de lune dans un endroit fréquenté par ce quadrupède... j'ai soin de me munir d'une pierre de couleur blanche et de quatre sous de tabac à priser... Je pose le caillou par terre, je verse le tabac dessus, le lièvre arrive pour flairer cet objet qui l'intrigue, le tabac le fait éternuer et il se casse la tête sur le pavé... Hein !... je crois que pour de l'adresse c'est de l'adresse !...

Tontaine tontaine, *etc.*

LA COCARDE

Poésie de Paul DÉROULÈDE.

Ma cocarde a les trois couleurs,
Les trois couleurs de ma patrie :
Le sang l'a bien un peu rougie,
La poudre bien un peu noircie;
Mais elle est encor bien jolie,
Ma cocarde des jours meilleurs.

Que j'ai fait de route avec elle,
Toujours content et jamais las !
Que j'ai combattu de combats !
Ils la connaissaient, mes soldats !
Ah ! bien des cocardes n'ont pas
Ruban si beau, couleur si belle.

Et maintenant, d'où je la tiens?
C'est presque un roman, son histoire !
Dieu me garde d'en faire gloire !
Mais elle était, on peut m'en croire,
Elle était sous sa tresse noire,
Je l'ai vue, et je m'en souviens

C'était après trois jours de marche !
Nous arrivions, transis de froid,
Cherchant l'auberge de l'endroit;
Mais elle, alors, nous aperçoit :
« Oh ! les Français de peu de foi ! »
Elle était debout sur les marches.

Nous approchons tout éblouis.
La maison est blanche et coquette,
Le feu brille, la table est prête :
« Jour d'espérance et jour de fête ! »
Entrez, dit-elle, et sur sa tête
Brillaient les couleurs du pays.

« Les Français sont chez eux en France;
Toute la ville vous attend.
Vous faisiez mal en en doutant. »

Elle riait tout en parlant,
Elle riait, et cependant
Mes larmes montent quand j'y pense.

Et j'y pense, et je la revois!
Elle était là, près de sa mère ;
Tout à coup, sur notre prière
Elle chanta nos chants de guerre,
Et c'était la gloire en colère
Qui nous grondait par cette voix.

Et la belle et bonne Française!
Le grand cœur et les jolis yeux!
Vous demandez, chers curieux,
Si je l'ai prise, audacieux,
La cocarde de ses cheveux?
Moi la prendre, qu'à Dieu ne plaise!

Mais tout pensif, je regardais,
Je contemplais, parlant à peine,
Ce front d'enfant, cet air de reine,
Ces trois couleurs, dans cet ébène
Et je me disais, l'âme en peine :
« Tout cela reste et je m'en vais! »

Le clairon sonne, adieu cocarde!
Adieu chanson! et cependant...
« Ah! si je l'avais, ce ruban.... »
Et je m'arrêtais tout tremblant;
Mais elle alors, si simplement :
« Tenez, dit-elle, Dieu vous garde! »

Ma cocarde a les trois couleurs,
Les trois couleurs de ma patrie :
Le sang l'a bien un peu rougie,
La poudre bien un peu noircie ;
Mais elle est encor bien jolie,
Ma cocarde des jours meilleurs.

Les couplets ci-dessus sont extraits des *Chants du Soldat*, ouvrage couronné par l'Académie française, et en vente, au prix de 1 franc, chez Calmann-Lévy, éditeur, rue Auber, 3, et boulevard des Italiens 15, Paris.

LA MULE DE PÉDRO

CHANSON

Chantée au théâtre de l'Opéra, dans la

MULE DE PÉDRO

OPÉRA

Paroles de DUMANOIR, Musique de Victor MASSÉ.

La Musique se trouve chez LEGOUIX, éditeur, 27, boulevard Poissonnière, Paris.

Ma mule, qui chaque semaine
Me mène aux marchés d'alentour,
Le soir doucement me ramène,
Quand sonne l'heure du retour.
Bien mieux que moi, la bonne bête
Sait le chemin de la maison...
    (*Demi voix.*)
Ah ! c'est qu'elle a toute sa tête,   ⎫
Quand moi je n'ai plus ma raison.   ⎬ (*Bis.*)
    (*Parlant.*)   •
Aussi qui ne connaît la mule de Pédro ? (*Bis.*)

LA MULE DE PÉDRO.

De ses grelots, de ses sonnettes,
Dès que le bruit frappe l'écho,
Chacun dit : Écoutez ces joyeuses clochettes ! (*Bis.*)
C'est la mule de Pédro ! (4 *fois.*)

Sachant très-bien tout ce que j'aime,
Elle a pour moi des soins discrets,
Et va s'arrêter d'elle-même
Au seuil de tous les cabarets.
Vienne à passer fille jolie,
Elle s'arrête encor bien **mieux...**

(*Demi-voix.*)

Et même alors chaste et polie,
Pour ne rien voir baisse les yeux. $\Big\}$ (*Bis.*)

(*Parlant.*)

Aussi qui ne connaît la mule de Pédro? (*Bis.*)

De ses grelots, de ses sonnettes,
Dès que le bruit frappe l'écho,
Chacun dit : Écoutez ces joyeuses clochettes ! (*Bis.*)
C'est la mule de Pédro ! (4 *fois.*)

Les couplets ci-dessus sont extraits de *la Mule de Pédro*, opéra en 2 actes, en vente au prix de 1 franc, chez Calmann-Lévy, éditeur, 3, rue Auber, et 15, boulevard des Italiens.

DITES-LUI QU'ON L'A REMARQUÉ

Déclaration chantée par Mlle SCHNEIDER, au théâtre
des Variétés, dans la

GRANDE-DUCHESSE DE GÉROLSTEIN

OPÉRA-BOUFFE

Paroles de Henri MEILHAC et Ludovic HALÉVY.
Musique de J. OFFENBACH.

*La musique se trouve chez BRANDUS et Cie, éditeurs,
105, rue Richelieu, Paris.*

Voici ce qu'a dit mon amie :
« Quand vous le verrez,
Je vous prie,
Dites-lui ce que vous savez.

Dites-lui qu'on l'a remarqué,
Distingué ;
Dites-lui qu'on le trouve aimable ;
Dites-lui que s'il le voulait,
On ne sait
De quoi l'on ne serait capable !

Ah ! s'il lui plaisait d'ajouter
Des fleurs aux palmes de la gloire,
Qu'il pourrait vite remporter
Ce vainqueur, une autre victoire !
Ah ! dit's-lui qu'à peine entrevu,
Il m'a plu !
Dites-lui que j'en perds la tête,

Dites-lui qu'il m'occupe tant,
          Le brigand !
Tant et tant que j'en deviens bête !

Hélas ! ce fut instantané !
Dès qu'il a paru, tout mon être,
A lui tout mon cœur s'est donné,
J'ai senti que j'avais un maître !
Ah ! dites-lui que s'il ne veut pas
          Mon trépas,
Dites-lui (je parle pour elle),
Dites-lui qu'il répondra : Oui !
          Dites-lui
Que je l'aime et que je suis belle ! »

Les couplets ci-dessus sont extraits de *la Grande-duchesse de
Gérolstein*, en vente au prix de 2 francs, chez Calmann-Lévy, éditeur, 3, rue Auber, et 15, boulevard des Italiens.

SI J'OSAIS... OSER !

CHANSONNETTE

Chantée par Georges PITER

Paroles et Musique de Mme Amélie PERRONNET

*La Musique se trouve chez J. HIÉLARD,
éditeur, rue Laffitte, 8, Paris.*

e suis timid'.... C'est même pas assez dire
Ce que je suis... je n' peux pàs l'expliquer :
A mes dépens, soit qu' j'ai' peur de fair' rire,
Que j' craign' le blâme ou ben quéqu'chose de pire,
Toujours est-y qu'à rien je n' peux m' risquer.

On vant' la prudence,
Mais y n' faut pas, j' pense,
En trop abuser :
Moi, c'est un martyre.
A tout c' que j' désire,
Je n' sais rien que m' dire :
   (*Hésitant.*)
Si j'osais... oser !

La p'tit' Lison,— vous d'vez ben la connaître,
C'te gentill' fill' dont tout l' village est fou ? —
Filait au rouet l'autre jour près d'sa f'nêtre :
J' m'approch' sans bruit.—Ell' m'avait ben vu p' têtr'
Et comm' ça, t'nez, tendait son joli cou.
   Ell' semblait attendre
   Que j'arriv' lui prendre
   Un gentil baiser :
   De l' voler je m' flatte,
   Mais d'bout sur un' patte
   J' dis, tout écarlate :
      (*Hésitant.*)
   Si j'osais..... oser !

Ya, dans l'pays, un gars qu'est ma bêt' noire :
C'est l'grand Pacaud! D' tout l' monde il est l'ennemi
Sournois, hargneux, méchant à n'y pas croire,
Taper su l' faible est l' plus beau d' son histoire...
Hier, dans l' foin, je l' vois qu'est endormi.
   Jusqu'à lui j' m'avance :
   Te v'là sans défense,
   J'pourrais t'écraser !
   Tu dors.... ça m' démonte...

Mais, n'était la honte,
J' te flanq'rais ton compte...
   (*Avec une rage comique et retenue.*)
Si j'osais..... oser !

Au bout d' mon pré, su' l' bord de la rout' neuve,
Dans un' masure ouverte à tous les vents
Loge un' femm' jeune encore et déjà veuve
Qui d' la misèr' subit la rude épreuve
Et s'tue d' travail pour nourrir quatre enfants.
   Comme ell' n'est point laide,
   Si j' lui venais en aide
   On pourrait jaser.
   Pâle et hors d'haleine
   Elle glan' dans la plaine ;
   Comm' j' la tir'rais d' peine,
     (*Avec élan... mais timide.*)
   Si j'osais..... oser !

J'aime assez lir', quoiq' je n' sois pas très-brave,
D' ces vieux romans qui vous donn'nt froid dans l'dos,
Et ma mémoire en d'vient tell'ment esclave
Que lorsqu'y faut que j' descende à la cave
Tirer du vin ou monter des fagots
    (*Avec terreur.*)
   Sous les voût' s obscures,
   J' vois des grand's figures,
   Dans l' noir s'accuser.
   J'ai des *tracs* sans nombre,
   Mais sur le mur sombre
    (*S'efforçant de rire.*)
   J' touch'rais p'têtr'... mon ombre...
   Si j'osais..... oser !

Un grand désir que j'ai d'puis mon enfance
Quand la jeuness' dans' sous les vieux noyers,
C'est de m' mêler, à mon tour, à la danse...
Quand j' vois chacun qui s' trémousse et s' balance
Je m' sens courir des *froumis* dans les pieds.

   Seul'ment, comme on r'garde,
   Jamais je n' m' hasarde
   Même à m' proposer :
   Mais des heur's entières
   D'vant nos grosses fermières
   (*Dansant avec prétention.*)
   J' f'rais des p'tit's manières...
   Si j'osais.....oser !

Entre mill' chos's que j'aim'rais savoir faire,
Ça serait d' nager...Quand y fait bien chaud
Et qu' je m' promèn' sur le bord d'un' rivière,
J'voudrais pouvoir m'*virvousser* dans c' t' eau claire
Comme un canard ou comme un p'tit bateau.

   Mais ça d'vient comique
   De voir quell' panique
   C' liquid' peut m' causer.

  (*Se posant comme pour se jeter à l'eau.*)
   Un', deux.

 (*Parlé, en se retournant comme s'adressant
   à quelqu'un :*)
   N' poussez pas...

   (*Chanté :*)
   Trois ! J' t'en moque !
   Pourtant, c'est baroque :
   J'nag'rais comme un phoque
   Si j'osais.... oser !

Comment m' guérir de c'te vraie maladie
De n' point jamais pouvoir *vouloir* c' que j'veux ?
Même en c'moment, si fort qu'j'en meur' d'envie,
Je tremble encor d'agir à l'étourdie
En vous d'mandant d' vous montrer généreux.

    Sans vous faire offense,
    Un brin d'indulgence
    Pourrait m' déniaiser :
    N'y a qu'un geste à faire...
    Mais j' crains d' vous déplaire :
    J' s'rais trop téméraire...
    (*Faisant le geste d'applaudir.*)
    Si j'osais....oser !.

UNE DROLE DE SOIRÉE

SCÈNE HUMORISTIQUE

Exécutée par BERTHELIER, au théâtre des Variétés.

Paroles de F. BERTHEL. Musique de A. CŒDÈS.

*La Musique se trouve chez L. ESCUDIER, éditeur,
rue de Choiseul, 21, Paris.*

J'aperçois monsieur le baron,
Un baron mais là pour de bon,
Qui, malgré sa mauvaise vue,
De ce bal passe la revue.

    (*Pendant ce parlé on joue la valse.*)

PARLÉ. (*Le baron.*) Cette soirée est vraiment
charmante. — Vous trouvez, baron ? — (*Le baron.*)
Certainement, on se croirait vraiment en famille. —
Vous trouvez, baron ? — (*Le baron.*) Certainement ;
ce qui me charme, c'est que ces dames font assaut

de grâce et de coquetterie ; elles sont toutes d'une élégance extrême. — Elles n'ont pour cela qu'à prendre modèle sur *mame* la baronne. —(*Le baron.*) Trop bon en vérité. (*Il se cogne.*) Oh ! pardon, je vous ai cogné ; ne faites pas attention, ma diable de vue ne m'en fait jamais d'autres... Ah ! je vous quitte : j'aperçois là-bas dans le fond un monsieur dont la figure me chiffonne, je l'ai vu quelque part, j'ai un compte à régler avec lui. Ah ! par Saint-Jacques de Compostelle! nous allons en découdre. (*Fin de la valse, tremolo.*) Monsieur ! vous avez tué mon père, vous avez assassiné ma mère, vous avez empoisonné ma sœur, et pour mettre le comble à vos forfaits, vous m'avez fait entrer dans la garde nationale. Je vais vous appliquer sur la face une marque qui ne s'effacera jamais. (*Bruit de soufflet, fin du tremolo.*) Oh ! quelle gifle ! (*Le baron.*) L'amphitryon ! mille excuses, cher monsieur, je vous ai pris pour un autre. — Il n'y a pas d'offense, cher baron.

Allons, messieurs, voici la danse,
Vite au salon, la valse est commencée. (*Bis.*)

Le petit de Saint-Amaranthe
Par respect fait valser sa tante :
C'est un jeune homme à marier
Qui doit être son héritier.

PARLÉ. (*Il valse.*) Que je vous remercie, ma tante, et que je suis heureux de la préférence que vous m'avez accordée. Seul au monde, j'avais besoin d'un soutien, et je le trouve en vous. (*A part.*) Elle pèse au moins deux cents kilos ! — Quelle grâce et quelle légèreté. (*A part.*) Un vrai ballon captif !— Oh ! ma

tante, quelle valse entraînante ! Appuyez-vous sur
moi; seulement, ne me marchez pas sur les pieds.
(*Fin de la valse, tremolo.*) (*La tante poussant un
cri :*) Ah! à moi, j'étouffe! ouvrez la fenêtre, de l'air,
de l'air, je sens que je vais mourir.— Quel bonheur !
je vais pouvoir hériter. (*Au refrain.*)

> Maintenant, pour vous reposer,
> Messieurs, vous allez admirer
> Un fameux improvisateur
> Qui fait des vers à la vapeur.

PARLÉ. (*L'improvisateur.*) Un mot, messieurs, un
mot ? *Voix d'homme.*) Madame Chopart, donnez donc
un mot.(*Voix de femme.*) Je n'ose pas. (*Voix d'homme.*)
Osez tout de même, il n'y a rien de compromettant
à ça. (*Voix de femme.*) Vous croyez? (*Voix d'homme.*)
J'en suis sûr. (*L'improvisateur.*) Un mot, messieurs ?
(*La femme.*) A moi: *Fleur.* (*L'improvisateur.*) Très-
bien; une rime à ce mot? Vous, mademoiselle? (*Voix
de jeune fille.*) Demandez à maman.(*La mère.*) Vas-y,
mon enfant.(*La jeune fille.*) *Sapeur.* (*L'improvisateur.*)
Très-bien ; vous, monsieur, dans le fond, un mot?
(*Une voix brève.*) *Général.* (*L'improvisateur.*) Parfait !
Vous, monsieur, à côté, une rime à ce mot? (*Voix
enrhumée du cerveau.*) *Fumigation.* (*L'improvisateur.*)
Ça ne rime pas. (*L'enrhumé.*) Ah! *Boule de gomme.*
(*L'improvisateur.*) Ça ne rim pas encore. (*L'enrhumé.*)
Qu'est-ce que vous voulez? je suis enrhumé, je ne
peux pas mieux. (*Une voix stridente.*) *Cheval.* (*L'im-
provisateur.*) Très-bien, je commence :

> Que j'aime à voir un général
> Caracolant sur son cheval,

Entouré de tous ses sapeurs

(*Chantant.*)
Que c'est comme un bouquet... (*Au refrain.*)

Maintenant passons au piano,
Pour entendre prestissimo
Une jeune enfant de six ans
Accompagnée par ses parents.

PARLÉ. Allons, va, mon enfant. — Oui, maman. —
Et n'aie pas peur.— Non, maman. — Mouche-toi.—
Oui, maman. (*Elle se mouche bruyamment.*) — Pas
devant le monde.—Non, maman.— Allons, vas-y.—
Oui, maman.

(*Avec naïveté.*)

Rose joliette, blanche pâquerette,
Humble violette, herbette et fleurette,
Embellit les champs. Voici le printemps;
Le printemps est vraiment charmant.
Quant à ma fenêtre, le soleil paraît,
Au fond de mon être le bonheur renaît.
            Ah ! ah ! ah !
J'effeuille une rose, je fais mon tricot,
Et souvent j'arrose les fleurs de mon pot.

        Ah ! rose joliette, etc.

Ah ! ah! ah! quel plaisir, quel agrément,
    Je trouve ce monde charmant ! (*Bis.*)

————

LES CH'VAUX D'BOIS

CHANSONNETTE COMIQUE

Paroles de Adolphe JOLY. Musique de Georges DOUAY.

La Musique se trouve chez CARTEREAU, éditeur, quai du Louvre, 10, Paris.

(Il entre en chancelant comme un homme ivre ; il est pâle, cheveux en désordre.)

PARLÉ. Sapresti ! de sapresti ! que j'ai le mal de mer et que tout tourne autour de moi. — Oh ! du monde ! chacun un bonsoir, la sociliété : faites excuse si que je n'suis point-z-en tenue réprochabre, mais que je descends de chevau à l'estant même ! oui, que j'en descends, et de chevau de bois, core !

Les ch'vaux d' bois, les ch'vaux d' bois,
C'est cocasse et point fadasse !
J' veux monter, tous les mois,
A chevaux suss' les ch'vaux d' bois.

Que j' vas vous narrer l'histoire
Et que, superlativ'ment,
Aujord'hui nous ons la foire.
Cré sort ! j'ai ri carrément.

PARLÉ. Ah ! mais oui da, tenais, que j'avons ri... mais procédurons réglementairement. Cric ! crac ! sabot ! cuillière à pot ! soussepied de guêtre ! marche aujourd'hui, marche demain, que si tu ne tombes point le nez dans la moutarde, tu n'auras point la peine de te débarbouillère ! Pour lorsse, mam'selle Marguerite qu'est cuisignère en pied chez le comman-

dant Piquallous, que dont je suis l'ordonnance en
chef, me dit comme ça qu'elle dit, dit-elle à c'matin:
Monsieur Veau-Piqué? (*Saluant militairement.*) Veau-
Piqué, que c'est soi-même ; Nastasie Veau-Piqué.
— P'sent ! que je réponds. — Nos bourgeois s'avont
absentés ; pour me prouvère votre galantine, faudrait
que vous me conduisissiez-t-à la foire, et que vous
me la payassissiez... (*Avec orgueil.*) Ah ! mais, c'est
qu'à parle à l'imparfait du sussmonpif, mam'selle
Maguerite ! que c'est une fumelle éduquais, vu qu'elle
a-t-été nourrice chez un vieux arcadémicien pendant
37 ans. Elle vous a un petit zieu et un grand zieu,
qui se regardent tous les deusses en coulisse traî-
nante, sa physique a-z-un polisson de nez en tire-
bouchon, qu'on débourrerait son fusil n'avec et que
j'ai toujours envie de le fourrère dans mon nécessaire
d'armes. Sans comptais que sur le globe téresse, a
n'a point sa semblabe, sauf le respect que je vous
dois, pour monter à ch'vaux de bois. Ah ! mais non,
da ! qu'a n'a point sa réciproque. (*Au refrain.*)

> Que j' dis à la torterelle :
> J'acceptre ! en baissant les yeux.
> Elle m'arquepince l'aile
> Et que nous partons tous deux.

PARLÉ. Elle faisait fantasia besef, l'aimabre Maguerite ; une robe vert pomme, un châle jonquille et un
bonnet coquélicot... Je me poussais du col, mytho-
logiquement parlant, que toute la population elle se
retournait-z-à notre astèque. Finalement, que nous
allons de sartimbanque en sartimbanque, quand la
cuisignère a manifestre le dessein de montèreparti

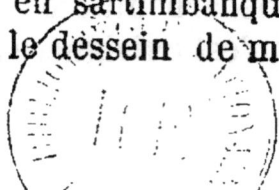

6

sure les chevaux de bois. J'acceptre avec enthousiasme et volupeté, vu que la veille j'avais entendu le caporal Le Bègue racontère l'histoire d'un cheval de bois monté par le palatin anglais Don Quichotte au siége de Troie, en Champagne, que même les Troilliens ils avaient reçu des calottes grecques d'un nommé z-Achille dit *Achille-homme*, et c'est depuis ce temps que les richards du pays attachent des saucisses au cou de leurs chiens pour les faire sécher au soleil. D'ailleurs que j'ai toujours évu l'ambition de savoir se tenir soi-même tout seul à cheval comme mon cousin Larfayou le cuir-z-à-scier, et que j'ai aussi dans l'idée de permutère avec un soldat z-équestre de mon grade et de passère de dedans la fantassinerie à pied, dedans la carvalerie à cheval. (*Au refrain.*)

Mam'sell' Maguerit' s'élance
Dans un char, comme l'éclair ;
Et qu'à mon tour je m'avance
Auprès d'un bidet bai clair.

PARLÉ. Que c'était n'un singulier bidet, allais : un bidet phélomèle, avec une barre et d'fer dans l' mitemps du ventre, entre la tête et la crenicre opposée (*Le chantenr prend une chaise et la place devant lui*). Moi, que je n'ai point-z-appris l'aquitation, vu que dans le cintième du deuse du nonante huiquième, on n'enseigne que *les-crimes* à la bayonnette mais qu'on est z-étranger au poulet d'Indre, je veux enfourchère l'animal (*Pantomime sur la chaise.*): impossibre d'y arrivère; heureusement que le caporal-sapeur Barberousse, il se trouvait de derrière moi et qu'il me pogne par le fondement de ma culotte... v'lan ! (*Il franchit la chaise en travers et tombe de l'autre côté.*) Que je tombe de l'autre côté ; que je me ramasse, et qu'on me remet z-à la selle. (*Il se met à cheval sur la chaise, le dossier en avant.*) Pour lorsse mam'selle Maguerite me voyant enfourché, elle me propose une partie de bague ; j'acceptre, l'homme me met dedans la main zun fer à gaufrère les bonnets du beau sèque. Tout à coup l'ogre de barbarie jousse un air, mon cheval prend le mors aux dents et nous galopons l's uns après l's autres. Pour lorsse, que je voyais la cuisignère qui fourrait son fer dans une espèce ed d'magnère ed d'rond qui pendait-z-au bas d'une petite boîte à malice, et que pour lorsse je veux l'imitère mêmement.... impossibre d'en décrochère ! Tout en galopant, je regardais Maguerite, quand je donne un coup de fer... Crac ! j'entends un cri, oh ! mais un cri cri ! (*Il crie en se tenant la joue.*) aïe ! sapresti !.. qu'au lieur d'accrochère un rondin, j'avais insinuère mon fer dans la bouche de l'homme à la mécanique et que je lui avais déraciné z-un chicot dont que tous les vertérinaires ils n'avaient jamais pu l'extirpère et qu'on allait z-employer à la fin des fins la mine pour le faire sautère en morceaux. Voilà l'homme qui me tombe dessus, que je lui tombe dessus, que tout le monde se précipitère dessus, que le charivari du branle-bas commence, que je m'en sauve tirant Maguerite qu'était prise sous l'ogre et que finalement y a laissé son cheignon, et moi trois boutons de mes guêtres, mais c'est égale que me voilà serurgien dentiste breveté et que tous les ceux dons la socilliété, qui souffrent d'une incisive ou

d'une dent caniche, ils n'ont qu'à venir au jeu de
bague ; que je la leur extirperai sans que les inzé-
nieurs des pompes déchaussées et tout le tremblement
n'y verront que du feu. (*Au refrain.*)

LES RÊVES

OU LA NOUVELLE

CLÉ DES SONGES

CONFÉRENCE BOUFFE

Créée par Jules PERRIN, à l'Eldorado.

Paroles et Musique de Paul BURANI.

*La Musique se trouve chez J. SMITH, éditeur,
rue Hauteville, 61, Paris.*

Des plus fameux nécromanciens
Je suis le plus fameux élève,
Et je puis, d'après les anciens,
Vous expliquer le moindre rêve.
Sans me poser en esprit fort
Je n' dis pas : Tout rêve est mensonge,
Car je crois que tous les coups du sort
S'expliquent par la clé des songes.

PARLÉ. Et j'ai fait là-dessus un travail ; je ne
vous dis que ça ! Il y a d'abord les songes histo-
riques : le songe de Joseph, qui voit sept vaches
grasses et sept vaches maigres, ce qui lui présage
qu'après avoir été vendu comme un mouton par ses
frères, qui étaient dévots, il aura un succès bœuf,
comme ministre, ce qui ne l'empêchera pas de se

conduire avec Mme Putiphar comme un daim. Nabuchodonosor rêve qu'il fait le bonheur de son peuple et que sa femme le coiffe, signe assuré qu'il perdra sa couronne en devenant une bête à cornes. Nous avons aussi le songe de Macbeth, qui est une tragédie anglaise, que l'on joue en italien, ce qui a fait dire à un titi parisien qu'il trouvait ce mic-*mac bête*; le songe d'Athalie, qui est si vieux que les vers s'y mettent à la *racine* : Athalie rêve qu'elle est mangée par des chiens ; présage certain qu'elle n'assistera pas au siége de Paris, où c'eût été tout le contraire! enfin, le Songe d'une nuit d'été, où la reine carotte si bien Shakespeare en l'appelant : Mon chou!... Shakespeare la poursuit en s'écriant : où *Cours-je?* et finit par dire à Elisabeth : *Rave*... ravissante beauté ! me prends-tu pour un cornichon, et *n'avais-tu* pas deviné que, quoique poëte, je suis *trop homme de terre* pour te suivre, ô mon ange ! dans tes rêves bleus? ce qui signifie qu'un poëte, amoureux de sa souveraine, peut rimer pour elle; mais, comme jamais un poëte ne *perd ses vers*, il faut qu'il en *bourre la reine*.

<blockquote>
Si vous l'osez,
Venez, venez
Dir' que les songes
Sont des mensonges,
Et si j' vous mens, ça s'ra prouvé
Que je n' dis pas la vérité.
</blockquote>

<blockquote>
J' vais vous prouver qu' c'est pas malin
D'expliquer les rêv's, au contraire:
Vous rêvez d' pie, indic' certain
</blockquote>

D'un bavardag' de votr' portière.
Vous rêvez que l' premier janvier
Vous prenez l'omnibus des Ternes,
C'est pas malin de l'expliquer,
Vous aurez un jour de l'an terne.

PARLÉ. Dis-moi ce que tu songes, je te dirai ce qui t'arrivera. Ainsi ce ne sont pas les artistes, mais les charcutiers qui rêvent de l'art; le mien même, deux jours avant la surtaxe des lettres, rêvait qu'on augmentait le port. — L'autre jour, je rêve que l'on me met dans du coton, le soir même je fais connaissance d'une femme plantureuse qui en avait sur l'estomac, et qui me dit, en me passant la main dans les cheveux : Je savais bien que je te rencontrerais, j'avais rêvé d'un gros melon. — Un paysan rêve qu'il a une pipe et pas de tabac : présage assuré qu'il ne pourra ni labourer ni fumer. — Vous perdez votre mouchoir, en songe : vous ferez la connaissance d'un enseigne de vaisseau, parce qu'un mouchoir indique un aspirant de narine. — Vous êtes devant une glace et vous ne pouvez pas vous y voir *dedans*: c'est signe que les vôtres vont tomber. — Vous rêvez de vin d'Argenteuil : présage assuré que vous aurez un dérangement pour cause de foire dans une localité voisine. — Rêver de chanteuse et de chandelle, c'est signe de coulage, et je le prouve par un exemple : vous allumez pour vous coucher une chandelle des six et vous vous endormez en rêvant que vous entendez le chant délié de la Patti; ô déception ! le lendemain, à votre réveil, il ne vous reste pas le plus petit morceau de chandelle. —

Les bonnes femmes vous diront : « Voir ses veines, c'est voir ses peines, » erreur. — Admirer une des plus belles chaînes de montagnes de la France, c'est voir Cévennes ; — examiner ses serrures, c'est voir ses pênes. — Voici, d'ailleurs, un petit résumé clair, simple et facile : rêver cors, c'est signe de bottines trop étroites ; — de colle-forte : amour d'une femme de trente ans. — Vous mettez un habit, signe de voyage à Londres, puisqu'on passe la manche. — Vous êtes mordu par un chien, présage de mort sûre. — Rêver de scie, on va revoir sa femme. — De souris, elle vous dira : c'est les rats ! — Enfin, un mauvais matelas présage un mauvais cardeur, comme le bois blanc calciné présage un commencement de fortune, puisque le bois blanc calciné c'est de la braise. (*Refrain.*)

> L'autr' nuit je rêv' d'un grand trou noir,
> C'était un four, v'là qu' ça s'explique :
> L' lend'main je r'çois un' plac' pour voir
> Un drame à l'Ambigu-Comique.
> Hier, je rêv' qu'un perroquet
> D'un tas d' mots sans suite m'ennuie :
> Ce matin, je r'çois un billet
> Pour un' séanc' d'Académie.

PARLÉ. Dans les rêves, tout est déduction, comparaison, définition, assimilation : ainsi, les rêves des grands signifient autre chose que les rêves des petits. Un chef d'État ne se voit en songe que peu d'amis : mauvais présage : peu, c'est guère ! — Un roi rêve qu'il est changé en tigre, c'est qu'il est tacheté... par la fenêtre. — Un général rêve qu'Iphigénie, la

fille d'Agamemnon, lui donne sa signature : ce sera
un grand homme, puisque la fille d'Agamemnon elle
signe Iphigénie ! — Un simple citoyen rêve qu'il
escamote ou qu'il danse sur la corde: ce sera un
grand politique ou un habile financier ; et que ce
mot corde ne vous fasse pas rire, il y a tant
d'hommes politiques qui ne méritent que ça ! —
D'ailleurs, vous savez que la corde présage une
position élevée. — Un diplomate rêve qu'il a des
douleurs d'entrailles; il partira en mission secrète
pour l'Italie : des coliques ont toujours présagé une
excursion sur le Pô. — Il y a encore les rêves im-
possibles: vous rêvez d'un cocher poli; or, même
en songe, on n'en a jamais vu. — Vous faites des
rêves décousus, vous croyez que cela ne signifie
rien, erreur étrange : des rêves décousus signifient
que vous achèterez un paletot à la Belle-Jardinière.
— Cependant, il y a quelque chose qui ne s'explique
pas, c'est rêver que l'on s'asseoit sur un banc; un
charbonnier peut bien, en gobant, s'embourbant,
absorbant et englobant tous les bancs, prendre ce
banc, à cause de la houille, en banc d' houillère ;
mais vous ou moi, si nous allons emjambant des
ribambelles de bancs, nous verrons bien si c'est un
banc neuf ou un banc d'âge, un bancroche ou un
fort banc; mais nous aurons beau regarder ce banc
d' haut, mettre le banc bout-ci ou le banc bout-là,
nous constaterons que le banc y est sans savoir ce
que le banc est; et alors, exaspérés, nous trouverons
que le dernier mot de banc c'est rage, sans pouvoir
expliquer ce que vaut banc, ni ce que banc•dit.
Ouf! (*Refrain.*)

Vous voyez un mari bâiller
En tuant des mouches par centaines,
Preuv' que si c' n'est pas un bélier,
C'est pas faut' d'en avoir la laine.
La Gaîté joue cinq actes nouveaux,
Votr' femme veut les voir et se fâche;
Dites-lui : J'ai rêvé d' pruneaux,
Ça prouv' qu'il y aura relâche.

PARLÉ. Tous les rêves s'expliquent, il ne s'agit que de trouver leur sens caché : vous rêvez d'oiseau, cela prouve qu'il y a des femmes dans votre existence, car on ne rêve jamais d'oiseaux sans ailes. — Idem au cresson : vous, Mesdames, vous rêvez de poules, c'est l'indice qu'il y a des bruns ou des blonds dans votre jeu, car on ne rêve jamais de poules sans œufs. — Vous avez le bonheur, en rêve, d'avoir des mots avec le maire de votre arrondissement, à ce point qu'il écume de colère; réjouissez-vous : c'est un signe certain que l'on vous fera cadeau d'une pipe en *écume de mer*. — Tant pis pour le mari bonasse qui rêve se promener avec sa femme quand il commence à pleuvoir : sa femme va le lâcher; car, généralement, une femme lâche son homme quand elle *sent des gouttes*. — Tant mieux pour l'homme d'affaires qui rêve d'un habit neuf : il est à peu près sûr de gagner un procès avec dépens. — C'est un bon signe aussi pour celui qui, en songe, tombe dans une fosse de tanneur: il va pouvoir se payer un sérail, puisqu'il est *sus l' tan*. — Si, toujours en rêve, vous voyez votre fiancée essayer une robe, épousez-la sans crainte : une jeune

fille qui essaie une robe est *en corsage ;* mais si, au
contraire, vous la voyez se maquiller, n'hésitez pas
à la balancer, c'est une perfide : elle a le visage
plein de céruse. — Enfin, si vous êtes bohème, et
que vous rêviez d'une culotte déchirée, c'est que
vous êtes exposé à manquer de fonds ; vous allez
montrer votre misère. Mais, si vous êtes banquier et
que vous rêviez d'un gigot de mouton aux haricots,
vous pouvez jouer à la hausse, c'est signe de paix
dans le pays. (*Refrain.*)

Y a des song's de tout's les couleurs :
Les song's bleus, c'est pour les poëtes,
Les songes d'or pour les jeun's cœurs,
Et les roses pour les fillettes...
Bons ou mauvais, chacun sa part
Dans ces divagations de l'âme ;   [ch'mar
Mais c' que j' vous souhait' pas, c'est l' cau-
D'un mari qui rêve de sa femme !

PARLÉ. Tout est dans le rêve : ainsi, rêver d'un
petit nez, signifie *négoce.* — Mariage, bagne à per-
pétuité. — Allumettes, jambes de danseuses. —
Enfant au maillot, innocence ; actrice en maillot, le
contraire. — Coups de trique, paix du ménage. —
Écrevisses, voiture à l'heure. — Manger du foin, re-
pas de corps. — Girouette, journaliste politique. —
Hanneton, plafond lézardé. — Voir la lune, tableau
indécent. — Médecin, mort certaine. — Militaire,
arrivée d'une bonne. — Vinaigre, plaidoirie d'avocat. — Se voir nu, on achètera du Crédit mobilier.—
Œil, crédit chez le mastroquet.—Rêver qu'on empêche, c'est qu'on n'en pêche pas ; on n'en pêche pas,

c'est qu'on empêche. — Rêver quenouilles, on va filer. — Balançoire, votre maîtresse vous en contera. — Ours, employé de chemin de fer. — Girafe, coup monté. — Hautbois, démangeaison à la tête. — Fuite de gaz, mauvaise odeur. — Bouillon Duval, aveuglement. — Bocal de cornichons, société savante. — Omnibus, position gênée. — Voir sa tante, on ira au clou. — Rêver clou, on va percer. — Une pierre dans son soulier, visite de sa belle-mère. — Porteur d'eau, voie qui monte. — Conscrit, on aura l'arme au bras. — Avocat, on aura larme à l'œil. — Enfin, donner des claques, c'est le rêve que vous devez faire en m'écoutant, et recevoir des claques, c'est le plus doux de mes songes quand j'ai l'honneur de paraître devant vous. (*Refrain.*)

LE RETOUR DE LISE

MÉLODIE

Chantée par BRUET, à l'Eldorado.

Paroles de VILLEMER et DELORMEL.
Musique de Frédéric BOISSIÈRE.

*La Musique se trouve chez J. HIÉLARD,
éditeur, rue Laffitte, 8, Paris.*

Voici décembre et son cortége;
La terre est pâle comme un lis;
C'est que la coquette a remis
Aujourd'hui sa robe de neige.
L'hiver ramène au coin du feu

Plus d'une maîtresse envolée,
Dont l'aile a peur d'être gelée
Pendant l'absence du ciel bleu !

Mais qu'importe à mon cœur et la neige et la bise,
   Pour moi le ciel est plein d'horizons bleus ;
Ma lèvre a retrouvé les baisers de ma Lise,
   Et du soleil pour longtemps dans ses yeux.   (*Bis.*)

   Le bois redevient solitaire,
   Les oiseaux rentrent dans leurs nids,
   La bise souffle et le ciel gris
   Étend son manteau sur la terre.
   Les arbres sont pleins de frissons,
   Et dans les branches toutes nues,
   Des hirondelles disparues
   Le vent remplace les chansons !

     Mais qu'importe, etc.

Chaque été, comme une hirondelle,
Ivre du soleil printanier,
Pour s'envoler de mon grenier,
Ma blonde Lise ouvre son aile.
Lasse de courir les buissons,
Quand revient l'hiver, la volage,
Elle rapporte dans ma cage
Et son sourire et ses chansons !

     Mais qu'importe, etc.

FIN.